# 1%
# O LIVRO Que O Sistema Financeiro Não Quer Que Você Leia

## ROBERT SHARRATT

Tradução por Slavian Oatu

Copyright © 2019 R.E. Sharratt
Geneva, Suiça

Todos os Direitos Reservados.

Tradução por Slavian Oatu

ISBN 9781090135698

Este trabalho está sendo disponibilizado a um custo mínimo pelo autor, em um esforço para demonstrar o impacto dos 1% e do sistema bancário na sociedade.

*Para aqueles que estão dispostos a tomar uma posição contra um sistema desonesto.*

*O dinheiro não é somente uma questão de valor. É também uma questão de valores.*

# CONTEÚDO

| | Prefácio | i |
|---|---|---|
| 1 | O Que Os 1% Sabem Que Você Não Sabe | 1 |
| 2 | A Fonte Do Dinheiro Dos 1% | 10 |
| 3 | O Engano Do Investidor Do Golfo | 25 |
| 4 | Como Estão Os 1% Conectados Globalmente? | 28 |
| 5 | Como Se Pode Calcular A Riqueza Dos 1%? | 34 |
| 6 | Crises Financeiras Globais... E A Rede De Segurança Para Os 1% | 41 |
| 7 | Quem Habilita Os 1%? | 49 |
| 8 | Quem Habilita Os Habilitadores? | 61 |
| 9 | Quem Nos Protegerá De Futuras Crises Econômicas? | 66 |
| 10 | Aliens Avaliam Nosso Dinheiro | 69 |
| 11 | O Que Os 1% Mais Temem | 72 |
| 12 | O Sistema Financeiro E Sua Vida Sexual | 85 |
| 13 | Karl Marx E Os 1% | 88 |
| 14 | Como Os 1% Sugam Seu Sangue Toda Vez Que Você Faz Um Pagamento | 96 |
| 15 | A Face Do Inimigo | 101 |
| 16 | Oito Previsões Para O Futuro Dos 1% E Seu Sistema Monetário | 106 |
| 17 | A Escolha De Hoje | 112 |
| 18 | Conclusão | 114 |
| | Sobre O Autor | 118 |

# PREFÁCIO

*"Eu conheço apenas três pessoas que realmente entendem o dinheiro."*[1]
J.M. Keynes

Os 1% são os 1% por causa do dinheiro e por causa de sua relação com o sistema bancário.

Este é o primeiro livro de todos os tempos que dá uma visão genuína por trás das cortinas sobre como os bancos realmente funcionam e seu impacto na sociedade. Ele revela que os bancos criam a maior parte do dinheiro em uma economia, não o estado. Ele mostra por que a desigualdade e a discriminação contra grupos externos são institucionais. Explica como os bancos são os principais contribuintes para booms e busts na economia. Ele mostra por que a política monetária dos bancos centrais é amplamente ineficaz. Ele revela que, para as principais funções bancárias, o setor bancário é quase totalmente não regulamentado. Ele mostra que, ao contrário de quase todos os outros setores, o setor bancário usufrui de proteção inigualável contra a concorrência. Sugere reformas potenciais e um sistema alternativo que poderia levar a um mundo melhor. Em suma, este não é realmente um livro sobre dinheiro e serviços bancários; é mais sobre nossos valores como sociedade

O que você vai aprender com este livro?

- Este livro foi criado para ajudar você a entender o dinheiro.
- Você precisa entender o que é dinheiro antes de entender o sistema bancário.
- Você precisa entender o sistema bancário para entender o impacto dos 1% na sociedade.
- Você precisa entender os impulsionadores econômicos da sociedade para considerar possíveis reformas ou alternativas.
- O dinheiro é fundamental para a vida; você precisa avaliar o sistema bancário atual com base em seus valores

---

[1] John Maynard Keynes, Economista britânico, citado por várias fontes contemporâneas. Infelizmente, para ele, Keynes não parece ser um desses três.

Quem deveria ler esse livro?
- Pessoas que querem saber a fonte do poder dos 1%.
- Pessoas que querem entender como o sistema bancário contribui para a desigualdade.
- Pessoas que querem saber por que há excesso de variação regular no ciclo de negócios.
- Pessoas que querem tornar o mundo um lugar melhor.

Este livro irá ajudá-lo a resolver alguns mistérios, como os seguintes:
- Por que a reserva fracionária oferece serviços bancários como uma versão distorcida do jogo Monopoly?
- Por que o sistema financeiro acha a educação sexual das mulheres repugnante?
- Por que a economia explode de vez em quando?
- Por que Karl Marx estava tão chateado?
- O que a professora Sybill Trelawney tem em comum com os líderes da Reserva Federal?
- Onde está o lugar mais obscuro da Terra, do ponto de vista econômico?

Este livro resolve esses mistérios, utilizando uma linguagem direta.

A maioria dos livros sobre dinheiro ou sobre os 1% são escritos por economistas acadêmicos ou ativistas radicais. Esses escritores geralmente têm algo em comum: nunca trabalharam em um banco. Eles não entendem os detalhes técnicos internos. Outros comentaristas só estão realmente familiarizados com os mercados financeiros, que não envolvem a criação de dinheiro.

Neste caso, o autor é um ex-banqueiro. Ele tem experiência em empréstimos, construção de modelos financeiros, codificação de algoritmos de risco e contabilidade gerencial usada em bancos. Este livro revela detalhes do processo bancário que nunca foram tornados públicos.

# 1
# O QUE OS 1% SABEM QUE VOCÊ NÃO SABE

Se você realmente quer entender os 1%, adivinhe por onde precisa começar? Isso mesmo: dinheiro. Este livro foi escrito em linguagem simples, porque os 1% esperam que a complexidade impeça você de aprender a verdade sobre a origem de seu poder. Aqui está o plano de fundo que você precisa saber.

A história do dinheiro é a história da evolução humana.

O desenvolvimento dos nossos ancestrais foi impulsionado pela nossa *biologia* e pelos nossos *valores*. A história do dinheiro pode ser separada em duas partes:

1. Um período em que o dinheiro tinha um elo explícito com o valor. Esse período existiu desde a aurora do dinheiro nos tempos neolíticos, à medida que os humanos começaram a cultivar e domesticar animais, e durou a maior parte do restante da história humana.

2. Um período recente, em que esse elo explícito foi quebrado. Este período acompanhou o surgimento de depósitos de metais preciosos (os precursores dos bancos modernos).

O dinheiro surgiu, essencialmente, como uma extensão da memória.

À medida que nossos ancestrais evoluíam, assumiam papéis cada vez mais especializados na sociedade. Alguns puderam se concentrar em fazer calçados, outros em cuidar de animais, outros em plantar. O dinheiro *representava o conceito de valor criado através do esforço especializado*, que era usado pelo grupo e então, depois, trocado com outros através do comércio. Pequenos grupos lembravam que os fabricantes de calçados haviam feito sua parte antes, quando a carne era obtida em uma caçada. Adquirimos o conceito de memória armazenada para permutar valor através de períodos de tempo. Entre os grupos, aprendemos a trocar itens valiosos, ao mesmo tempo ou com um grupo dando comida no momento em troca de uma promessa de receber comida no futuro do outro grupo. À medida que nos especializávamos com intercâmbios adicionais e repetidos ao longo do tempo, isso gradualmente levou ao conceito de um padrão de valor, pois a troca de mercadorias tornou-se complexa demais para nós lembrarmos. Este foi *o primeiro passo em direção ao dinheiro* e um padrão de valor para permuta existia entre comunidades na Mesopotâmia e ao longo do rio Nilo em aproximadamente 3.000 aC.[2]

Um padrão de valor era necessário antes que qualquer outro aspecto do dinheiro pudesse emergir.

As trocas de itens valiosos precisavam ser comparáveis e muitas sociedades usavam o que havia de mais disponível, como trigo ou cevada[3]. Na Roma Antiga, o gado (*pecus*) se tornou um padrão de valor, do qual obtivemos a palavra pecuniário. Esses padrões de valor também tinham outras características rudimentares, secundárias, úteis para o dinheiro: eram (de alguma forma) divisíveis, portáteis, duráveis etc., e seu suprimento também era naturalmente limitado.

Devido à raridade da dupla coincidência de desejos, o escambo provavelmente nunca existiu fora de pequenos grupos que não queriam muito. À medida que os grupos humanos se tornavam maiores, as pessoas concebiam valor em relação a um padrão comum (como a cevada); isso permitiu o surgimento de um *meio de troca*. Assim, um pastor de cabras poderia vender uma cabra a um sapateiro, mesmo que ele já tivesse sapatos suficientes; o sapateiro poderia simplesmente pagar em cevada. A cabra seria avaliada de acordo com um padrão de valor, medido em cevada. Mesmo que o pastor de cabras não quisesse cevada, ele poderia aceitá-lo como pagamento, pois sabia que poderia usar a cevada como forma de

---

[2] P. Einzig, Dinheiro Primitivo: Em seus Aspectos Etnológicos, Históricos e Econômicos, 2ª ed., Londres, Pergamon Press, 1966. M. Powell, "Dinheiro na Mesopotâmia", Jornal da História Econômica e Social do Oriente, vol. 39, no. 3, 1996, pp. 224-242.
[3] Entre as primeiras civilizações registradas a usar dinheiro estavam os sumérios. No momento em que codificaram um padrão de valor, isso ainda era expresso em cevada, embora a prata se tornasse o principal meio de troca. R.F. Harper, The Code of Hamurabi, Chicago, 1904, p. 37. S. Homer e R. Sylla, A História das Taxas de Juros, 4th edn., Hoboken, John Wiley & Sons, 2005.

comprar outra coisa que quisesse. A cevada também permitiria que ele comprasse uma variedade de itens ou gastasse um pouco no momento e guardasse o resto para compras futuras.

Qualquer meio de troca implica que o item também é uma *reserva de valor*, caso contrário, não seria aceito em troca. A cevada é uma reserva de valor, pois ninguém pode magicamente criar uma enorme oferta de cevada. Uma moeda nacional que está sujeita à inflação é uma reserva deficitária de valor, pois vale menos a pena todos os dias; portanto, é um meio de troca ruim (porque quem realmente o escolheria, se estivesse constantemente diminuindo de valor?).

Através de um processo de evolução, nossos ancestrais desenvolveram o conceito de dinheiro.

Essencialmente, o dinheiro reflete *a memória de algo valioso que foi criado por nossos esforços*, como criar gado ou fazer sapatos. Isso nos permitiu especializar e trocar itens de valor, resultando numa situação melhor para todos. O dinheiro é frequentemente definido usando linguagem complexa, mas tem apenas duas características simples e de senso comum:

1. O dinheiro precisa ser escasso.
2. O dinheiro precisa ser aceito pelos outros como tendo poder de compra.

O dinheiro co-evoluiu com a nossa compreensão do que é sacrifício.

Os humanos gradualmente aprenderam que o sacrifício hoje poderia significar mais de algo amanhã. Alguns de nossos primeiros escritos tratavam de empréstimos daqueles que tinham grãos excedentes àqueles que presumivelmente tinham a capacidade e a intenção de colocar os grãos em uso produtivo. As sementes plantadas hoje, em vez de comidas com a colheita, podem significar mais na próxima temporada. Os mutuários poderiam reembolsar os credores com o que foi gerado por seus esforços: quando a colheita de grãos fosse feita, uma certa porcentagem seria dada àqueles que haviam se sacrificado. Empréstimos e juros devidos foram registrados em tábuas e cotados em dinheiro[4]; isso geralmente acontecia nos templos, que eram os principais locais de reunião para a comunidade.[5]

---

[4] Einzig, op. cit., p. 206.
[5] Esse quase sempre foi o caso na Suméria e na Mesopotâmia. Na Roma Antiga, o tesouro romano estava historicamente no templo de Juno Monetas, a deusa da memória; onde as moedas romanas foram cunhadas. O templo também era o lugar onde os registros oficiais dos magistrados eram armazenados. Monere é a palavra latina que significa lembrar (admonere) ou avisar. De Monetas temos a palavra

Muitas sociedades estabeleciam limites para as taxas de juros, tinham regras para os momentos em que a colheita falhava, etc.[6] Sacrifício, uma forma de economia e uso produtivo da poupança, beneficiou ambas as partes. Uma economia primitiva cresceu: mais terras foram cultivadas, mais animais foram criados. As economias (sacrifício), registradas como uma forma de dinheiro, levaram a uma melhor existência para a humanidade.

O dinheiro em si não tem valor intrínseco.

O ouro, o dólar americano, o bitcoin, etc., têm valor apenas na medida em que são escassos e aceitos comumente para comprar bens e serviços. O dinheiro é um *símbolo*, uma representação do poder de compra; não é valioso em si mesmo.[7] Se alienígenas aparecessem amanhã e quisessem nos vender uma cura para o câncer, é improvável que recebessem barras de ouro como pagamento. Sem dúvida, seu planeta natal também teria o elemento Au (ouro), causado pela explosão de estrelas de nêutrons há alguns bilhões de anos, e é improvável que o valorizassem muito. Provavelmente achariam divertido o fato de termos passado tempo desenterrando, refinando e depois guardando ouro. Eles poderiam pensar que, se não perdêssemos nosso tempo assim, poderíamos ter descoberto uma cura para o câncer nós mesmos.

Como o dinheiro não tem valor intrínseco, ele deve ser confiável.

Quando você cria algo de valor (por exemplo, fazendo sapatos ou vendendo seu tempo para seu empregador), você precisa confiar no dinheiro que recebe em troca de seu esforço. Você precisa confiar que o que você está recebendo em troca lhe dará a capacidade de comprar coisas, agora ou no futuro. A base de todo dinheiro bom é a confiança, assim como é a base de todos os bons relacionamentos humanos.

Metais preciosos surgiram como o dinheiro global em muitos lugares.

Onde metais preciosos estavam presentes geologicamente, a maioria das sociedades os adotou como dinheiro.[8] Por que isso aconteceu, de maneira

---

inglesa para dinheiro (money).
[6] Homer e Sylla, op. Cit.
[7] Alguns itens eram usados como dinheiro que tem valor em si, como cevada ou cigarros, mas, quando usados para fins de troca, seu valor estava em sua escassez e poder de compra, não em você poder comê-los ou fumá-los. Se o vendedor de cabras, por exemplo, só quisesse comprar cevada, provavelmente não teria ido ao sapateiro.
[8] A forma mais antiga de dinheiro de metal precioso na Mesopotâmia era originalmente de cobre. Na Roma Antiga, era o aes rude, que era cobre ou bronze. Na Indonésia, o estanho era usado no comércio

descoordenada, em todo o mundo? Primeiramente porque os metais preciosos são escassos. Isso permite que algo que não tenha valor intrínseco funcione como um símbolo que retém o poder de compra ao longo do tempo.[9] Isso levou grupos de pessoas a aceitarem que os metais preciosos representavam uma reserva de valor, que poderia ser usada em troca de bens ou serviços em uma atividade comercial cada vez mais disseminado. Então, por definição, eles tinham poder de compra; sua aceitação comum era um benefício para a economia real. A aceitação global de metais preciosos significava que seu valor não estava vinculado às ações de estados-nação específicos.

Metais preciosos tinham outras características do senso comum como uma representação de valor: duravam muito tempo, eram difíceis de danificar, podiam ser divididos em unidades menores, cada unidade tinha o mesmo valor que qualquer outra, etc. Seu valor era baseado em seu peso. Eventualmente, provavelmente em Lydia[10], metais preciosos foram transformados em unidades padrão chamadas moedas, para facilitar o comércio. Como eles vêm de estrelas distantes e explodidas, metais preciosos são difíceis de falsificar. Além disso, humanos primitivos, ao contrário de nós hoje, provavelmente usavam ouro e prata porque gostavam de coisas reluzentes com um pouco de brilho.

Depósitos de metais preciosos levaram à criação de bancos modernos. Foi o fim de uma era para o que nossos ancestrais teriam considerado "dinheiro".

Ouro e prata estavam concentrados nas mãos de governos e corporações, que atuavam como produtores, emissores e depositários. Como transportar ouro e prata consigo era por vezes inconveniente e arriscado, os depósitos de metais preciosos emitiam notas promissórias aos seus clientes, depositantes como, por exemplo, comerciantes. Essas notas promissórias, asseguradas pelo valor do metal precioso, poderiam ser usadas como uma forma mais conveniente de fazer compras; as próprias notas começaram a circular como uma forma de dinheiro. Os depositários aprenderam que nem todos os clientes exigem acesso ao seu ouro ou prata ao mesmo tempo. Isso apresentou *uma oportunidade de fazer empréstimos usando recibos em papel* por mais do que a quantidade total de metais preciosos que eles

---

e Sparta usava ferro. Eventualmente, ouro e prata se tornaram mais proeminentes. Einzig, op. cit.

[9] Os metais preciosos não tinham preços globais consistentes até o surgimento da logística moderna, mas a aceitação de metais preciosos por diversas civilizações facilitou o intercâmbio entre grupos e, eventualmente, nações. De muitas maneiras, ouro e prata eram um dinheiro global para a maior parte da história da humanidade: eles eram escassos e eram aceitos como tendo poder de compra.

[10] Do historiador grego, Heródoto, As Histórias. R. Cook, "Especulações sobre a origem da cunhagem", Historia, vol. 7, no. 3, 1958, pp. 257-262.

possuíam fisicamente. Dessa forma, uma "fração" do valor era mantida em reserva e o restante poderia ser emprestado aos mutuários.[11]

Os mutuários, fazendo algo produtivo na economia real, tinham a obrigação de pagar ao credor uma quantia maior do que aquela que lhes era emprestada, garantida contra seus ativos da economia real. Isso permitiu que o depositário recebesse um lucro de empréstimo significativo de cada valor de reserva. Claro, havia um risco também: e se todos os clientes entrassem e quisessem seu ouro de volta?

No entanto, o risco real para o depósito era relativamente baixo: as obrigações eram cobertas ou pelo ouro em depósito ou por garantias reais de ativos. Como segurança adicional, os empréstimos também foram apoiados pelos fluxos de caixa futuros esperados do uso produtivo do "dinheiro" emprestado. O que se tornou crucial não foi o ouro depositado, mas sim a confiança que os usuários tinham no depósito. Essa confiança fez a diferença entre um depositário bem-sucedido e um mal-sucedido, e não a capacidade dos usuários de ver quanto ouro realmente existia nos bastidores. Os bancos modernos usam *exatamente o mesmo modelo* dos depositários da história.

Se você quer entender as raízes da desigualdade e resolver o maior mistério da economia moderna, o câncer que é a variância extrema[12] no ciclo de negócios que metastiza a cada 1-2 décadas, aqui está a pergunta a ser feita:

*O ouro e as notas promissórias são a mesma coisa?*

Sabemos que nenhum dinheiro tem valor intrínseco. O ouro é uma representação simbólica, um símbolo, que representa valor. A nota promissória é um símbolo de um símbolo. Ambos têm poder de compra. Então, existe alguma diferença entre eles? Esta é a pergunta que os 1%, a elite financeira, não querem que você pergunte. A resposta a essa questão técnica aparentemente obscura da história é a razão pela qual eles são ricos. E por que você não é. É a base para que o sistema bancário favoreça

---

[11] Esta é a despesa dupla: o depositário tinha ouro em depósito do cliente e, ao mesmo tempo, emprestou parte desse ouro a um mutuário. O ouro original é a única representação do valor criado na economia real. Na verdade, os depositários (bancos) gastam muito mais que o dobro. Uma proporção de reserva fracionada de 10% significa que aproximadamente 9x o depósito original de "valor" é criado em notas promissórias, ou seja, em poder de compra.

[12] É claro que alguma volatilidade é esperada e, em certa medida, de fato, fornece informações valiosas para os participantes da economia. Uma quantidade natural de volatilidade é benéfica para a economia, pois elimina a madeira morta e fortalece o sistema como um todo. Aqui, nos referimos ao excesso de variância, o efeito exponencial do crédito bancário em um processo natural e também seu impacto anormal na precificação de ativos.

inerentemente os grupos e discrimine os grupos externos. É a base da desigualdade na sociedade.

A pergunta parece tão inocente. No entanto, o impacto da resposta na sociedade é profundo. Vamos ver se podemos resolver esse mistério.

### Dinheiro e serviços bancários estão inextricavelmente ligados.

A história do dinheiro pode ser dividida em dois períodos, conforme descrito abaixo.

| Período | Dinheiro | Banco |
| --- | --- | --- |
| Desde o início, quando os humanos começaram a se especializar, sacrificar e trocar valor, até o surgimento de depósitos de metais preciosos. | Todo dinheiro representava *valor já criado*, por esforço produtivo na economia real. Este é o dinheiro de valor presente (**VP**). | A função bancária combinava o capital excedente (por exemplo, grão e ouro) com oportunidades produtivas na economia. |
| A partir do estabelecimento desses depositários (eventualmente chamados de bancos)[13] até os dias atuais. | Duas formas de dinheiro começam a existir lado a lado: (1) dinheiro VP. Por exemplo, moedas de ouro. (2) Dinheiro de valor futuro (**VF**), em que o valor estava *vinculado a uma fonte de fluxo de caixa futuro esperado*, que não existia atualmente (no momento em que o dinheiro VF foi criado). Um exemplo são as notas promissórias ou notas de promessa de pagamento ao portador. | O serviço bancário combinou dinheiro VP (por exemplo, ouro) com oportunidades produtivas. Também começou a evoluir para a emissão de notas promissórias em troca de fluxos de caixa futuros provenientes de oportunidades produtivas, na forma de empréstimos. Como o ouro e as notas promissórias eram relativamente escassos e aceitos como tendo poder de compra, *coexistiam dois tipos de moeda*: dinheiro VP (valor já criado; <u>nenhum risco de crédito</u> no momento da troca) e dinheiro VF (valor esperado para ser criado no futuro, que implica o <u>risco de crédito</u> do emissor)[14]. |

Embora isso tenha sido uma evolução, levou a uma mudança decisiva no

---

[13] Banco vem da palavra italiana para banco. O termo se originou em Veneza, onde os emprestadores de dinheiro faziam seus negócios com os tomadores enquanto estavam sentados nos bancos. É claro que o ouro, a representação do valor e do poder de compra, era mantido em outro lugar, seguro em cofres, por trás de cortinas. Se as notas promissórias forem aceitas como tendo poder de compra, quem se importa em ver o ouro real? Hoje, em italiano, como em português, a mesma palavra é usada para se referir a um banco e um banco (com diferentes significados, é claro).

[14] Entender qual dinheiro envolve aceitar o risco de crédito (dinheiro VF) e qual não envolve (dinheiro VP) é um dos primeiros passos para entender o dinheiro do crédito criado pelo banco, o poder que abastece os 1%. É também a base da compreensão do excesso de variação no ciclo de negócios.

que o dinheiro significava para a humanidade:

*A ascensão dos bancos modernos quebrou a ligação histórica para quando o dinheiro representava a memória de algo valioso criado.*

## Pontos importantes

1. A capacidade de um banco de fazer um empréstimo também significa que ele pode criar sua própria versão de dinheiro (as notas promissórias). Esse dinheiro tem poder de compra, assim como o dinheiro emitido pelo governo.
2. Uma vez emitidos, os dois são indistinguíveis um do outro (para você). Mas esse dinheiro do banco tem algo de especial, algo sombrio, que vamos descobrir.
3. Os bancos usam essa capacidade de criar dinheiro para promover seus próprios interesses e sustentar partes envolvidas.
4. Os 1% exercem uma influência significativa na sociedade, principalmente através do dinheiro e do sistema bancário.
5. Os 1% não querem que você entenda como o dinheiro e o sistema bancário funcionam, especialmente que eles podem criar seu próprio dinheiro.

## Quem se importa?

Você. Dinheiro é poder.[15] A capacidade de criar dinheiro é um poder controlador em uma sociedade. Esse poder está nas mãos do governo e dos bancos. Leia isso de novo, para que você absorva. Dinheiro é poder. E dominância. E os bancos criam seu próprio dinheiro. Que eles usam para seus próprios objetivos. E os objetivos dos 1%. E daqueles que os capacitam. Você está na ponta do iceberg em termos de entender os 1% e sua influência. Criação de dinheiro, o poder, a desigualdade na sociedade, os altos e baixos da economia; a chave para o entendimento está escondida por trás da complexidade técnica de algo que parece tão simples: dinheiro. É preciso esforço para entender dinheiro e serviços bancários. Mas, tudo está escrito neste livro, em termos tão simples quanto possível, se você estiver disposto a fazer o esforço.

Aqui estão algumas boas perguntas concomitantes: quanto dinheiro os bancos criam em comparação com o governo? Que limitações existem na capacidade dos bancos de criar dinheiro? Como isso é regulado? Essa

---

[15] OK, isso é uma afirmação tão banal que me sinto um pouco envergonhado por escrevê-la. Mas você pediu.

criação de dinheiro é divulgada em algum lugar? Se não, por que não? Vamos descobrir.

O homem neolítico surge com a ideia de banco.

# 2
# A FONTE DO DINHEIRO DOS 1%

Para entender onde os 1% conseguem o seu dinheiro, *você precisa entender mais sobre os bancos*. Eu sei, é um pouco chato. Algumas pessoas preferem se sentar e jogar videogames ou assistir ao seu time favorito ou passar algum tempo nas redes sociais. É com isso que os 1% estão contando.

Para aqueles de vocês que querem viver uma vida melhor e tornar o mundo um lugar melhor, por favor, continuem lendo. Como incentivo, há seções sobre sexo e sobre bebidas no final do livro. Bem, de uma perspectiva econômica.

Como os bancos fazem empréstimos.

Os bancos são simplesmente empresas de investimento. Eles avaliam um investimento potencial (o empréstimo) baseado no risco e no retorno, a base da moderna teoria das finanças desde Harry Markowitz nos anos 1950, assim como outros atores da economia. Há algo de especial nos bancos, no entanto; se você continuar lendo, você será um dos poucos que realmente entende de bancos e dinheiro.

Primeiro, aqui está como funciona o empréstimo bancário.

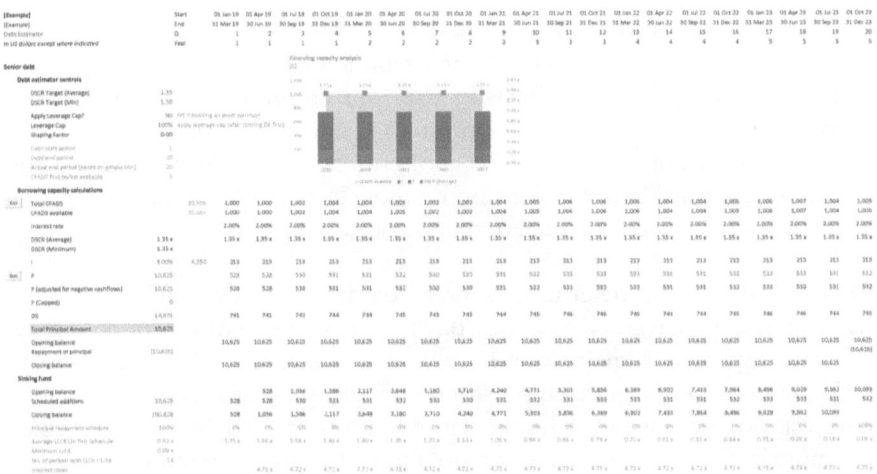

OK, então, a que você deve prestar atenção aqui? Veja o número CFADS. Isso significa Fluxo de Caixa Disponível para o Serviço da Dívida e é um acrônimo inglês padrão usado por insiders de bancos. O cálculo é definido abaixo.

| | Lucro operacional |
|---|---|
| *adicionar de volta* | despesas não monetárias (por exemplo, depreciação contábil) |
| *menos* | impostos em dinheiro a serem pagos[16] |
| *ajustar de acordo com* | mudanças no capital de giro líquido |
| *menos* | despesas de capital (básico, ou manutenção, capex) |
| *é igual a* | CFADS |

Não se importa? Bem, pense nisso como o ingrediente principal que explica como os bancos criam dinheiro. É crucial entender um pouco a forma como os 1% se financiam, usando parte do seu dinheiro. Isso é o alicerce

---

[16] Embora o CFADS seja determinado antes dos escudos fiscais de juros da dívida, que impactam no imposto a pagar, os bancos ajustam para os impostos a serem pagos. É um pouco de circularidade, mas esta é a abordagem padrão.

para entender por que nossa economia explode de vez em quando.

Os bancos prevêem o CFADS usando fatores qualitativos (como a posição competitiva de uma empresa em sua indústria) e fatores quantitativos (como desempenho histórico e crescimento esperado da economia).

O exemplo acima mostra um modelo real de empréstimos bancários comerciais. Ele ilustra como um banco estima o valor do principal que uma empresa poderia tomar emprestado para um empréstimo sênior de cinco anos com um pagamento em prestação única (ou seja, o montante emprestado é pago no final do 5o ano; entretanto, o mutuário paga juros, em uma base trimestral).[17] Esse tipo de modelo é um dos muitos processos internos que os bancos não querem que você conheça.

O agente de crédito determina o índice de cobertura do serviço da dívida (sigla inglesa DSCR), que é o valor da "margem de manobra", onde o fluxo de caixa esperado é maior que o valor que a empresa precisa para pagar cada período. O oficial de empréstimo também seleciona a taxa de juros do empréstimo. Ambos são definidos em relação ao risco de crédito percebido do mutuário. Com base no valor do fluxo de caixa esperado, na taxa de juros e no montante de margem de manobra, o montante do principal do empréstimo é calculado.[18] Neste exemplo, o valor principal máximo que poderia ser emprestado é de US $ 10.625. O total de reembolsos (principal e juros) é de US $ 14.875. A diferença são os juros (lucro) para o banco: $ 4.250.

Bancos sofisticados não utilizam apenas uma entrada na fórmula CFADS. Em vez disso, eles usam um modelo estatístico para previsão, com base em um intervalo de distribuição de insumos potenciais.[19]

Se você é cínico, pode pensar que seu agente de crédito comum provavelmente não faz isso. É verdade que os oficiais de empréstimo são humanos e os humanos são por vezes preguiçosos. Esse tipo de avaliação de empréstimos é complexo e só é feito, por definição, para empréstimos que devem gerar fluxos de caixa futuros.[20]

---

[17] A outra opção de reembolso é um empréstimo com estilo de saldo decrescente (hipoteca), em que parte do montante do principal é reembolsado em cada período. Empréstimos de pagamento em prestação única podem ter um fundo consolidado anexado a eles. O tipo de empréstimo e esses mecanismos não são importantes para nossa tese.
[18] Este é um exemplo simplificado. Existem algumas outras considerações, mas elas não têm muito impacto e não mudam a tese. O cálculo do valor do principal é feito por um algoritmo escrito em código de computador; o output é mostrado aqui.
[19] Este modelo usa o software de modelagem estatística @Risk para aplicar uma forma de distribuição às entradas; você acabou de ver a saída esperada para CFADS.

Há outras opções para os agentes de crédito que querem estar no campo de golfe às 15h: podem fazer empréstimos ao consumidor ou empréstimos de ativos, que são mais simples. Eles também, consciente ou inconscientemente, usam heurísticas na tomada de decisões.

Alguns vieses no processo de empréstimo são definidos abaixo.

1. O setor bancário tem tudo a ver com confiança. Os seres humanos, incluindo agentes de empréstimos bancários, instintivamente têm maior confiança em pessoas que são semelhantes a eles. Consequentemente, os bancos são mais propensos a fazer empréstimos (especialmente com termos atraentes) para grupos internos, em vez de grupos externos, com base na semelhança entre credor e devedor. As preferências são incorporadas no DSCR.

2. Funcionários de grandes organizações, como bancos, são motivados principalmente pela preservação de seus empregos. Conseqüentemente, é mais provável que eles concedam empréstimos a tomadores de baixa controvérsia (por exemplo, com base no reconhecimento do nome, histórico com o banco, pessoas que seu chefe gosta) do que controvérsias mais proeminentes (por exemplo, tomadores menores ou mais novos que podem ser de menor risco, mas exigem risco de reputação individual do agente de crédito).

---

[20] Isto inclui os empréstimos de balanço, em que um banco empresta contra uma obrigação corporativa geral de pagar. Nesse caso, às vezes os bancos não podem controlar explicitamente o uso de fundos. No entanto, documentos de empréstimos bancários são detalhados, com testes de convênios, e geralmente não permitem que você use o dinheiro para ir ao cassino e colocar tudo na casa preta.

Existem três grandes usos de fundos de um empréstimo bancário. Dois têm a ver com fluxos de caixa futuros. O terceiro é a causa da maior parte do excesso de variância no ciclo de negócios.

Em geral, existem três áreas para as quais os bancos fazem empréstimos, as quais são apresentadas abaixo.

| Uso do Empréstimo | Exemplo | Nível de esforço para o oficial de crédito bancário | Risco para o oficial de ser demitido se as coisas derem errado | Reembolso |
|---|---|---|---|---|
| 1. Atividades econômicas produtivas | Comprar novos equipamentos, contratar pessoas para expandir a produção. | Alto. Deus, eu tenho que obter todos esses números para inserir no modelo financeiro novamente. E então, tenho que ir ao comitê de crédito. | Médio. Muitas entradas do modelo podem estar erradas. "É difícil fazer previsões, especialmente sobre o futuro." Yogi Berra. | Empresa vende coisas que as pessoas querem comprar. Fonte de fluxo de caixa futuro. |
| 2. Mudança de momento de renda / Consumo do consumidor | Uma hipoteca, ou você quer "antecipar" um pouco do seu futuro salário para sair de férias agora. | Baixo. Verificar as declarações salariais e obter a avaliação de ativos de terceiros, se necessário | Baixo. Executar políticas bancárias padrão. | O cliente continua recebendo um salário. Fonte de fluxo de caixa futuro. |
| 3. Compra de bens | Alguém usa um empréstimo bancário para financiar um investimento imobiliário ou comprar ações. | Baixo. Obter avaliação de ativos (geralmente um preço de mercado de um terceiro ou verificar a política do banco). | Muito baixo. Política do banco sobre empréstimos de títulos. Ou, empréstimos de tijolo e argamassa; o que poderia dar errado? | Venda futura do ativo, a um preço mais alto do que foi comprado.[21] Fonte de fluxo de caixa futuro pequeno/inexistente.[22] |

---

[21] Caso contrário, o fluxo de caixa futuro não existe ou é insuficiente para suportar o empréstimo. Quer um empréstimo para comprar uma ação, uma obra de arte, terra para construir algum imóvel? Ótimo, nosso banco adora empréstimos a ativos tangíveis. No entanto, se você não vender o produto a um preço mais alto para outra pessoa, ao contrário de outros empréstimos, não será possível extrair o fluxo de caixa quando chegar a hora de pagar. Este é o princípio dos empréstimos para compras de ativos. Quer entender o excesso de variação nos ciclos de negócios? Bem, *fique atento aos empréstimos de ativos*.

[22] Sim, em alguns empréstimos de ativos há meios menores de fluxo de caixa para pagamento, como

Para o empréstimo de ativos, você pode estar pensando: "Uau, alguns bancos usam dinheiro de pobres otários na esperança de que os preços dos ativos subam. Ainda bem que não é para isso que meu dinheiro está sendo usado."[23]

Se é isso que você está pensando, agora seria um bom ponto para você parar de ler.[24]

De onde veio o "dinheiro" para o empréstimo?

As fontes de fundos (dinheiro) para o banco fazer empréstimos estão definidas abaixo.

1. Poupança (ou seja, depósitos ou, tecnicamente, empréstimos de pessoas como você).
2. Seus próprios fundos (ou seja, lucros que eles fazem e retêm no banco).
3. Empréstimos (seja do banco central, mercado interbancário ou emissão de obrigações).
4. Sua própria criação interna de dinheiro de crédito.

As três primeiras fontes (poupança, fundos próprios, empréstimos) são emprestadas em parte, mas constituem uma minoria de empréstimos bancários.[25] A maioria vem da criação de "dinheiro de crédito". Como isso

---

dividendos de compras de ações ou aluguel de imóveis comerciais. No entanto, estes são geralmente insignificantes quando se trata do tamanho da dívida a pagar. Além disso, em uma desaceleração econômica, as ações pagam menos dividendos e as aluguéis comerciais diminuem; para o banco, a segurança está no valor do ativo. O pagamento da dívida é baseado no valor do ativo, usando os chamados rácios "empréstimo/valor" (LTV). O que é valor? Bem, para empréstimos de ativos, *fique de olho no mecanismo usado para determinar o valor*. Essa é uma grande parte da solução para o mistério
[23] Ou, pelo menos, esperança de que o recurso não diminua de valor.
[24] Você também precisa parar de mentir para si mesmo e aceitar: não é o seu dinheiro. O dinheiro que você tem na sua conta de poupança não é seu e não é uma poupança. Legalmente, é um empréstimo não garantido de você para o banco. Lembre-se de que nossos bancos modernos surgiram a partir de depósitos de metais preciosos. Chamar-lhe de conta de depósito também é uma estratégia melhor de marketing do que chamá-la de uma "conta de empréstimo não garantido para nós". Se o seu banco tiver problemas, você é um credor não garantido do banco; você não tem reivindicação sobre o seu dinheiro. Provavelmente há algum seguro bancário em seu país, então talvez o governo possa ressarci-lo, já que eles podem simplesmente imprimir "dinheiro" (quem se importa se não comprar a mesma quantidade de coisas?). Esses medos são o que levou a corridas ao banco no passado. Não acha que corridas ao banco existam mais? Talvez você não tenha idade suficiente para lembrar da crise financeira de 2008. Isso foi uma corrida ao banco moderna, habilmente disfarçada. Não se preocupe se tiver esquecido, isso acontecerá novamente.
[25] A maioria desses fundos é usada para o próprio capital de reserva dos bancos, às vezes mantido junto ao banco central; alguns também suportam contas bancárias correspondentes (as contas do próprio banco com outros bancos). As contas correspondentes são como os bancos e os sistemas bancários nacionais se ligam uns aos outros. É assim que os pagamentos acontecem. Outra maneira de pensar nas contas correspondentes entre os bancos é como a variação excessiva do ciclo de negócios é transmitida por todo o sistema financeiro. Se você é cientificamente inclinado, pode pensar que o que acontece

funciona é simples e está descrito abaixo.

Vamos usar nosso exemplo acima. Digamos que o banco decida ir em frente e emprestar a uma empresa o valor do principal que eles calcularam: US $ 10.625. As características de risco e retorno parecem aceitáveis. O banco lhe dará US $ 10.625 hoje, em troca de US $ 14.875 no futuro (nos próximos 5 anos). Isso é um retorno de 8% ao ano. Qual é o custo de seus fundos? Bem, para as três primeiras fontes, é bem baixo. Como poupador (credor não garantido para o banco, realmente, mas vamos acompanhar a charada do exemplo), o que você ganha em juros em sua conta bancária? O que você acha que o banco central cobra deles? Certo, não muito.

OK, mas se a maioria desses fundos vem de sua própria criação interna de dinheiro, qual é o custo disso? A resposta é *não muito alto*. Os principais custos para o banco estão relacionados a ter outros bancos aceitando seu dinheiro de crédito recém-criado. Tal como acontece com tudo no setor bancário e dinheiro, a questão chave é a *confiança*. Em um sistema bancário de reservas fracionárias, é óbvio que, se todos perderem a confiança em seu banco, ele falhará. Nunca há reservas suficientes (dinheiro real, VP) para pagar todos os depositantes. Custos econômicos relacionados à confiança são: publicidade (para criar imagem de marca), pagamentos a bancos centrais, transferências para o setor político, etc. O maior custo econômico para qualquer banco está relacionado à confiança entre os usuários de que ele estará lá amanhã. Mais confiança = menor custo de financiamento.

Bancos modernos, como os depósitos de metais preciosos, revolvem em torno da *ilusão* de estabilidade. Você tem que dar a impressão de que o ouro está todo lá. "Seu dinheiro está aqui na sua conta com o seu nome, não se preocupe". Uma maneira de preservar a ilusão é atacar qualquer questionador como ignorante demais, burro demais para entender o sistema bancário.

Internamente, os bancos calculam seu custo de financiamento para empréstimos usando a seguinte fórmula simples:

$$= p_t \cdot poupança_t + p_t \cdot fundos\ próprios_t + p_t \cdot empréstimos_t + p_t \cdot dinheiro\ de\ crédito_t$$

Esta é apenas a média ponderada das fontes de fundos. No exemplo, o custo ponderado dos fundos para o banco é de apenas menos de 2%. Assim, o lucro econômico esperado para o banco é de cerca de 6%, ou 3/4 da taxa de juros cobrada. Esse percentual de lucro relativo é típico para empréstimos corporativos; é menor para tomadores maiores e maior para tomadores menores. Para empréstimos ao consumidor, os percentuais de lucro são tipicamente mais altos do que corporativos.

A contabilização desse dinheiro de crédito recém-criado é baseada na escrituração de dupla entrada (combinada), como toda a contabilidade, e é definida abaixo.

O empréstimo de US $ 10.625 é um *ativo* para o banco, uma vez que a empresa pagará a ele US $ 10.625 em futuros fluxos de caixa (esperançosamente). Isso é registrado em seu livro razão, seu balanço, na coluna de ativos. O banco agora tem que dar o dinheiro do empréstimo para a empresa; isso é um *passivo* para eles. Eles fazem isso criando uma conta de depósito no valor de US $ 10.625.[26] Isso é dinheiro VF; seu valor é igual ao empréstimo, que (esperançosamente) virá através de fluxos de caixa futuros. Não há valor real criado hoje, como nossos ancestrais da Tribo da Liberdade do desenho sabiam. Existe um ativo (o empréstimo), que é baseado em uma obrigação para pagamentos futuros pela empresa, mas esse ativo ainda não é "real"; seu valor não se materializou no momento em que o ativo é criado.

Observe que o dinheiro na conta de depósito do mutuário parece exatamente o mesmo que um depósito VP, mas existem algumas diferenças. Por um lado, o uso de fundos é restrito. O mutuário precisa usá-lo para os fins que eles declararam para obter o empréstimo. Isso cai nas três categorias que discutimos:

1. investir em fins produtivos para fazer coisas que as pessoas querem comprar,
2. para mudança de momento de consumo, e
3. investir em um ativo na crença de que ele aumentará em valor.

Os bancos são intencionalmente *opacos* e difíceis de entender. Se você fosse um estranho, não fizesse parte da corporação (por exemplo, se você fosse um economista ou um consultor em sua torre de marfim), e você olhasse para o balanço ou lesse estatísticas nacionais agregadas, você poderia pensar que o depósito é apenas dinheiro de poupadores que foi combinado com

---

[26] Esta é uma obrigação do banco para a empresa (ou seja, pagar-lhe "dinheiro") e é exatamente o mesmo que a conta de depósito que você tem em um banco. Sua conta de depósito é onde seu salário é pago em cada mês. Espere um minuto, você pode estar pensando, eu já trabalhei por esse dinheiro na minha conta de depósito; Eu vendi meu tempo para o meu empregador. Então, "meu dinheiro" deve ser visto como dinheiro VP. O valor já foi criado na economia. Hmmm, talvez isso tenha algo a ver com o maior mistério da economia

um empréstimo. Você não estaria totalmente errado, apenas quase totalmente errado. Uma pequena parcela das fontes ponderadas de recursos geralmente vem da poupança e o custo da poupança é fatorado no custo dos empréstimos. Isso é o que os bancos e seus facilitadores querem que você acredite: que eles apenas combinam prestativamente poupanças com empréstimos.

Você não precisa acreditar em mim. Aqui estão algumas evidências.

Não acredita que os bancos comerciais criam dinheiro? Bem, que tal perguntar a alguns bancos centrais? No Reino Unido, de acordo com um relatório obscuro em seu diário interno, o Banco da Inglaterra afirma que 97% da oferta monetária vem da criação de moeda de crédito pelos bancos comerciais.[27] Na Alemanha, de acordo com o Bundesbank, a grande maioria do dinheiro é criado por bancos comerciais.[28] Na Suíça, é cerca de 90%.[29] Adivinha qual parte é nos Estados Unidos?[30] O percentual varia com o tempo, mas está amplamente acima de 90% nas economias avançadas.

Isso é novidade para você, que os bancos criam a maior parte do "dinheiro" em uma economia? Bem, não se sinta bobo; os bancos não querem que você saiba disso. A Suíça é um dos países mais instruídos financeiramente do mundo, com um dos maiores PIBs per capita, que abriga um terço da riqueza offshore global.[31] No entanto, mesmo aqui, apenas 13% dos entrevistados em uma pesquisa recente sabiam que os bancos criaram a maior parte do dinheiro na Suíça. Isso parece estranho, já que todos nós usamos o dinheiro todos os dias e é tão central em nossas vidas. Se você perguntasse aos suíços de onde vem o queijo, a maioria provavelmente poderia identificar as vacas como a fonte principal. Em eras anteriores da nossa história, os humanos provavelmente poderiam dizer de onde, digamos, as moedas vieram. Por que hoje é tão diferente? Por que tal mistério?

No caso de você ter feito um curso de economia na universidade, há uma razão pela qual você não sabe que os bancos comerciais criam a maior parte

---

[27] M. McLeay et al., "Criação de Dinheiro na Economia Moderna", Boletim Trimestral do Banco da Inglaterra, Q1, 2014. O BoE realmente obfata a questão: tem outros documentos que afirmam que os bancos são intermediários financeiros e também alguns documentos que fazem referência ao efeito multiplicador monetário.

[28] O papel dos bancos, dos não-bancos e do banco central no processo de criação de dinheiro". Deutsche Bundesbank Publications, vol. 69, não. 4, 2017, pp. 13-34.

[29] Dr. Emma Dawnay, Iniciativa Vollgeld, 2016.

[30] Apenas brincando. Nos Estados Unidos, a terra dos livres, seu governo e bancos não revelam essa informação aos seus cidadãos. De fato, seu sistema educacional ensina que os bancos são simples intermediários entre poupadores e tomadores e não criam dinheiro.

[31] 31 Relatório Global de Riqueza do BCG, 2018.

da oferta monetária: você foi enganado. Como exemplo, *Macroeconomia* de Gregory Mankiw, o manual introdutório mais amplamente utilizado nos Estados Unidos, continua uma mentira perpetrada pelo livro de Paul Samuelson em 1948. Esses manuais acadêmicos ensinam que apenas o governo nacional cria dinheiro, bem como a teoria multiplicadora de dinheiro da criação do dinheiro; eles não revelam que os bancos criam dinheiro de crédito eles mesmos, por meio de seu próprio processo de empréstimo.[32] Os manuais acadêmicos de economia padrão ensinam que os bancos emprestam os depósitos existentes. Eles afirmam que as ações coletivas do sistema bancário podem então criar alguma oferta monetária adicional, pois os empréstimos de um banco tornam-se depósitos de outros bancos, até um teto imposto por um banco central (chamado de exigência de reserva). Assim, nos manuais acadêmicos, o requisito de reserva é crucial para a quantidade de dinheiro em uma economia e os bancos não criam dinheiro por conta própria.

Aqui está um pequeno experimento científico. Os manuais acadêmicos ensinam que o dinheiro é criado coletivamente pelo sistema bancário, controlado por um multiplicador monetário, imposto pela exigência de reserva do banco central. Então, um requisito de reserva é um componente necessário para a criação de dinheiro, certo? Bem, e quanto a países como o Canadá, a Austrália, o Reino Unido, a Suécia, etc., onde não há exigência de reserva? Como os manuais acadêmicos explicam isso? Bem, eles não podem. Independentemente disso, empiricamente, há uma fraca correlação entre os requisitos de reserva (onde eles existem, como nos Estados Unidos) e a criação de dinheiro em uma economia. Da mesma forma, existe uma fraca correlação entre poupança e criação de dinheiro.[33]

Você pode estar se perguntando: se mudanças na oferta monetária (que impactam a inflação e causam excesso de variação no ciclo de negócios, ambas más notícias) realmente não vêm da poupança ou desse conceito multiplicador de dinheiro, então como isso afeta a regulamentação bancária? Se os bancos criam a grande maioria do dinheiro em uma economia e fazem isso sozinhos, com base principalmente em suas próprias estimativas de valor futuro, como elas são reguladas? Nós vamos chegar a isso em um minuto. Como aviso antecipado, você provavelmente não quer

---

[32] Então, é um pouco embaraçoso quando outros bancos centrais, como o Banco da Inglaterra, na verdade afirmam claramente que, não, os bancos centrais não criam a maior parte da oferta monetária. A maior parte da oferta monetária vem de bancos comerciais em uma economia através de empréstimos. Mas os manuais acadêmicos nunca mudam, nunca revelam a verdade sobre a criação de dinheiro, mesmo quando os próprios bancos centrais afirmam isso claramente. Como isso é possível?

[33] Você pode medir a poupança total (o que estaria incorreto) ou a economia disponível, dependendo das mudanças na taxa de juros paga nos depósitos de poupança; não importa. Ambas as correlações são fracas.

saber.

Uma teoria ainda mais ridícula ensinada nas aulas de economia é que os bancos são apenas intermediários financeiros e não criam dinheiro; esta teoria afirma que apenas o governo nacional cria dinheiro. Essa teoria é ensinada junto com o modelo multiplicador de dinheiro/reserva fracionária mencionado acima. Os bancos estão simplesmente canalizando economias para uso produtivo. Tão bom e útil da parte deles. Aqui está uma citação interessante sobre por que essa informação bastante enganosa é ensinada ao público, de um economista que não tinha medo de dizer a verdade.

*"O estudo do dinheiro, acima de todos os outros campos da economia, é aquele em que a complexidade é usada para disfarçar a verdade ou para fugir da verdade, não para revelá-la. O processo pelo qual os bancos criam dinheiro é tão simples que a mente o repele. Com algo tão importante, um mistério mais profundo parece apenas decente."* [34]
JOHN KENNETH GALBRAITH.

O único economista vivo significativo que realmente realizou uma investigação honesta e empírica sobre a mecânica da criação de moeda bancária, que realmente fez as coisas sujas avaliando o trabalho bancário real, é o Dr. Richard Werner, professor no Reino Unido com doutorado em Oxford. [35]

Ele comparou cientificamente as três principais teorias da criação de dinheiro (multiplicador de dinheiro, bancos como intermediários e criação de dinheiro de crédito). [36] Ele é capaz de refutar as duas teorias padrão ensinadas em economia: do multiplicador de dinheiro e dos bancos como intermediários. Elas são comprovadamente falsas. A teoria da criação de dinheiro de crédito corresponde ao que os bancos realmente fazem na economia real e não pode ser refutada.

No entanto, apesar disso, os economistas mais conhecidos ainda continuam a apoiar teorias que são refutadas pelas evidências e pelas admissões dos próprios bancos centrais. Por que isso acontece? Existem algumas razões, incluindo: os economistas convencionais não incluem muito os bancos e o dinheiro em suas explicações sobre como funciona a economia como um

---

[34] J. Galbraith, Dinheiro: De onde veio, para onde foi, Princeton, Princeton University Press, 1975, p.22.
[35] Ele não é um banqueiro e ele não entra no trabalho que você conheceria se fosse uma fonte interna, mas ele realmente fez pesquisa de campo!! É incrível, como o maior pecado em ser um professor de economia parece estar realmente em aplicar seu conhecimento, sujar as mãos com o comércio. Você não encontrará isso em nenhum ganhador do prêmio Nobel.
[36] R. Werner, "Um século perdido na economia: Três teorias do sistema bancário e as provas conclusivas", International Review of Financial Analysis, vol. 46, pp. 361-379.

todo; eles estão tão ligados a seus axiomas de bancos como agentes neutros em uma economia, simplesmente alocando capital, que, intelectualmente, requer um esforço excepcionalmente forte para ser genuinamente autocrítico em relação ao que você aprendeu; nem um único deles trabalhou como banqueiro, até onde pude encontrar[37]; e, a grande maioria, direta ou indiretamente, se beneficia financeiramente de continuar apoiando a linha partidária e evitando morder a mão que os alimenta. Para outros, em um mundo onde você pode ver que o imperador não tem roupas, é preciso muita coragem para falar e dizer a verdade. As guildas e seus facilitadores não mudam por dentro.

Na verdade, como a maioria das coisas relacionadas a serviços bancários modernos, a situação não é em preto e branco. Existe um elemento (pequeno) de verdade nos bancos atuando como intermediários financeiros e a reserva fracionária/ multiplicador de dinheiro realmente desempenha um papel na criação de moeda. No entanto, a grande maioria da criação de dinheiro vem dos próprios processos de crédito dos bancos. O que o setor bancário e seus facilitadores fazem, no entanto, é apontar para as teorias (relativamente) menos prejudiciais (intermediários, efeito multiplicador de dinheiro do sistema), enquanto permanecem intencionalmente em silêncio sobre o maior contribuinte: que bancos individuais criam dinheiro VF através do processo de empréstimo, que é então misturado com dinheiro VP (dinheiro onde o valor já foi criado) para que os dois "dinheiros" sejam indistinguíveis uns dos outros.

## O dinheiro do crédito bancário vem do nada? É criado pelo golpe de uma caneta?

Às vezes é sugerido que os bancos podem criar dinheiro de crédito vendendo ar. Essa ideia pode, talvez, ser datada de um comentário de um dos fundadores do Banco da Inglaterra: *"O banco tem benefício de juros em todo o dinheiro que cria a partir do nada."* [38] A frase "do nada" soa muito comum, então os economistas traduzem para o latim para que soe melhor: *ex nihilo*.

Algumas mentes brilhantes repetiram isso. Niall Ferguson menciona isso em *Ascent of Money*. Ray Daglio faz o mesmo em seu vídeo *How the Economic Machine Works*.

---

[37] A economia é uma das poucas profissões em que você pode ser um especialista sem nunca ter trabalhado na sua área de especialização. Quer dizer, se você quer ser um profissional de golfe, ajuda se você tiver um taco de golfe. Não é assim com os economistas que "ensinam" sobre o setor bancário. No entanto, quando esses mesmos economistas vão ao médico, você pode ter certeza de que eles selecionam alguém que tenha experiência real, não apenas alguém que tenha lido sobre como a medicina funciona e tenha desenvolvido grandes teorias.

[38] William Paterson, fundador do Banco da Inglaterra, de fontes contemporâneas, 1694.

No entanto, *isso não está correto*. Os bancos não criam dinheiro de crédito a partir do nada, com o uso de uma caneta. Está bem perto de ser verdade, no entanto. A razão pela qual a maioria das pessoas não pode acreditar, e por que a maioria dos economistas, portanto, não foi capaz de aceitar a teoria da criação de dinheiro de crédito, é que isso soa bobo. Provavelmente, instintivamente, algo baseado no senso comum dentro de você diz: algo do nada não é muito provável. Você não pode criar ouro a partir do nada.

No entanto, o que os bancos criam não é ouro.
É a nota promissória.

Anteriormente, esta nota promissória estava ligada ao ouro, a uma memória de valor criada pelo esforço no passado. Hoje, ela está ligada a um ativo de empréstimo, que deve trazer um fluxo de receita *futuro*. Realmente, os bancos são *entidades de monetização*. Ao conceder contas de depósito-empréstimo a mutuários, eles dão a eles o poder de compra hoje em troca do pagamento amanhã. A relação do:

depósito monetário criado hoje (igual ao montante do empréstimo)
com fluxos de caixa futuros esperados a receber pelo banco (ajustado pelo custo de financiamento, risco de utilização de fundos e desempenho econômico esperado)

é a forma mais apropriada de avaliar o risco de empréstimos bancários, semelhante ao índice de Sharpe.[39] Há uma diferença notável nesse índice, dependendo do uso de fundos para o empréstimo. As duas categorias de empréstimo relacionadas a fluxos de caixa futuros (investimento produtivo, mudança de momento) são significativamente menos arriscadas do que os empréstimos de ativos (que não são suportados pelos fluxos de caixa futuros esperados).

Então não; o dinheiro do crédito não vem do nada ou do golpe de uma caneta. A base para esse dinheiro vem em grande parte de depósitos, de membros trabalhadores da classe média e baixa que confiam nos bancos seu dinheiro. Deste dinheiro (depósitos + dinheiro criado pelo banco), os bancos obtêm lucros substanciais em empréstimos. Depositantes ganham

---

[39] É assim que os bancos centrais ou reguladores devem avaliar o genuíno risco dos bancos. Nem um único regulador faz isso atualmente. Por que não? Que mistério. Isso exigiria que os bancos revelassem quanto dinheiro eles criaram. Você acha que os bancos querem que você conheça essa informação? Você pode imaginar o arquivamento regulador? Tipo: aqui no JP Morgan nós criamos $ x bilhões de dinheiro no último trimestre, dos quais x% foram para o financiamento de compras de ativos especulativos. Henry Ford sabia qual seria a reação do público, como veremos.

pouco em suas poupanças, muito menos do que são devidos com base em sua contribuição e no risco que eles assumem. Essas margens injustificadas são o mecanismo que canaliza lucros de muitos para os 1%.

Aqui estão alguns dos poucos que sabiam onde o 1% obtém seu dinheiro.

A maioria das pessoas não vê a realidade de como o dinheiro é criado. Outros vêem, mas procuram enganar. Aqui estão algumas citações daqueles que vêem.

*"Se o povo americano permitir que bancos privados controlem a questão de sua moeda ... os bancos ... privarão as pessoas de todas as propriedades até que seus filhos acordem sem lar no continente que seus pais conquistaram.... O poder de emissão deve ser retirado dos bancos e restaurado às pessoas a quem ele pertence propriamente."*[40]
THOMAS JEFFERSON

*"Uma grande nação industrial é controlada pelo seu sistema de crédito. Nosso sistema de crédito está concentrado nas mãos de alguns homens. Chegamos a ser um dos piores governados, um dos governos mais completamente controlados e dominados do mundo - não mais um governo de livre opinião, não mais um governo por convicção e voto da maioria, mas um governo pela opinião. e coação de pequenos grupos de homens dominantes".*[41]
WOODROW WILSON

*"É bom o suficiente que as pessoas da nação não entendam nosso sistema bancário e monetário, pois, se o fizessem, acredito que haveria uma revolução antes da manhã de amanhã."*[42]
HENRY FORD

*"Assim, nosso meio circulante nacional está agora à mercê de transações de empréstimos de bancos, que emprestam, não dinheiro, mas promessas de fornecer dinheiro que não possuem".*[43]
IRVING FISHER

*"Na ausência do padrão-ouro, não há como proteger a poupança do confisco através da inflação. Não há armazenamento seguro de valor. O déficit de gastos é simplesmente um*

---

[40] Citado por contemporâneos. Carta a John Taylor, 1816. Carta a John Wayles Eppes, 1813.
[41] W. Wilson, The New Freedom, Nova York, Doubleday, Page & Co., 1913. Também citado por contemporâneos.
[42] H. Ford e S. Crowther, Minha Vida e Obra, Nova York, Doubleday, Page & Co., 1922. Também citado por contemporâneos.
[43] I. Fischer, "100% Dinheiro e a Dívida Pública", Fórum Econômico, abril-junho de 1936, pp. 406-420.

*esquema para o confisco "oculto" da riqueza."*[44]
ALAN GREENSPAN

Pontos importantes

1. Bancos comerciais criam seu próprio dinheiro, que é usado desproporcionalmente por grupos internos (especialmente 1%).
2. Este dinheiro tem poder de compra e é indistinguível de um depósito real de valor em uma conta bancária.
3. Esse dinheiro não é criado do nada; é criado com base na carta bancária concedida pelo estado e é sustentada pela confiança no banco.
4. A maior parte do poder de criação de dinheiro em uma economia existe no setor bancário, que gera dinheiro com base em suas previsões de seu próprio potencial de lucro.
5. Os fundamentos do investimento (realização de empréstimos) para um banco levam-nos a preferir estruturalmente grupos internos a grupos externos.
6. Os bancos usam os fundos dos depositantes como parte do processo de criação de dinheiro, o que leva a lucros substanciais para os bancos. Os depositantes são muito subcompensados por sua contribuição para os lucros do banco. Isso leva a um mecanismo de transferência de riqueza embutido dos 99% para os 1%.
7. Em nenhum país esse poder de criar dinheiro é diretamente regulado. O uso desses fundos criados também não é regulamentado de maneira alguma.

---

[44] A. Greenspan, "Ouro e Liberdade Econômica", Boletim Objetivista, 1966.

# 3
# O ENGANO DO INVESTIDOR DO GOLFO

Nada ilustra o fato de os ~~1%~~ bancos poderem criar o seu próprio dinheiro de crédito melhor do que o "investimento" no Credit Suisse e no Barclays Bank feito pelos investidores do Golfo durante a crise financeira de 2008.

Em 2008, como muitos bancos, o Credit Suisse e o Barclays estavam tecnicamente falidos pela crise financeira: seus passivos excediam suas reservas. Na crise, os bancos insolventes tinham três opções:

1. Obter um socorro explícito do governo (pegar o dinheiro do governo, que é o que muitos bancos fizeram);
2. Levantar capital de investidores privados (o que poucos bancos, principalmente os de melhor capitalização, fizeram); ou
3. Receber uma ajuda implícita (o governo oferece algumas garantias, o banco central compra seus ativos não tão bons por dinheiro a um preço acima do mercado, etc. Isso é o que o restante recebeu).

O Credit Suisse e o Barclays apresentaram um plano melhor: eles criaram seu próprio dinheiro e o "emprestaram" a "investidores" do Golfo. Tal como acontece com a criação de dinheiro de crédito normal, nos livros dos bancos havia um ativo (um empréstimo) e um depósito (do montante do empréstimo, para o uso dos investidores; isto é dinheiro VF). Os investidores então usaram esse dinheiro VF recém-criado para comprar ações preferenciais recém-emitidas nos bancos. Assim, no lado do passivo do balanço, os bancos não tinham mais uma obrigação de depósito; em vez disso, eles tinham *novo capital no banco*! Quais colaterais os investidores do Golfo colocaram como garantia para o "empréstimo"? Bem, eles colocaram suas ações preferenciais recém-recebidas. Você pode ver a *ilusão*?

Tente não rir, mas existe todo um regime regulatório para calcular "índices de adequação de capital" para os bancos.[45] Os mesmos bancos que podem criar seu próprio dinheiro e seu próprio capital. Assegurar que os bancos tenham "níveis" suficientes de capital para o risco que assumem. Então, não se preocupe, os reguladores têm tudo sob controle.

Espere um minuto, você pode estar se perguntando: mesmo que esses investidores do Golfo não tenham contribuído com um centavo dos bilhões do novo "capital" que foram criados, eles ainda têm que pagar os juros sobre os bilhões em "dinheiro" emprestado que receberam, certo? A resposta é não. Não se preocupe com os investidores do Golfo. O Barclays fez uma transferência para os investidores de £ 322 milhões como parte do "investimento". Você leu certo: a única transferência física em dinheiro em relação ao investimento de £ 3 bilhões no Barclays foi do Barclays para os investidores do Golfo. Para que foram os 322 milhões de libras? Bem, o Barclays não precisa revelar isso. Para o Credit Suisse, havia elementos conversíveis no empréstimo complexos demais para você entender, gentil leitor.[46]

O resgate do UBS durante a crise financeira esgotou quase todos os fundos disponíveis para o Tesouro Federal na Suíça, a um custo significativo para todos os contribuintes suíços. Quando se tratou do engano do Credit Suisse, o regulador permitiu que ele passasse. Se os cidadãos suíços soubessem como seus dois bancos globais realmente funcionam e o risco

---

[45] Os padrões de adequação de capital são supervisionados pelo Bank for International Settlements em Basel, Suíça.
[46] O coração do empréstimo - o investimento em capital bancário é resumido aqui. Claro, se você fizer algo tão simples, é óbvio para muitos, mesmo aqueles que não são especialistas em finanças. Então, naturalmente, as transações gerais entre esses dois bancos e os investidores do Golfo ficaram muito mais complexas, envolvendo: empresas offshore; outros instrumentos de financiamento complexos; A questão central é que os bancos criaram seu próprio dinheiro para facilitar os "investidores" acreditáveis a comprar ações, de modo que os índices de adequação de capital dos bancos pudessem ser reportados em níveis mais altos e adequados, mas sem mudança real no valor.

que é suportado pelo povo suíço, eles nunca apoiariam esses bancos.

No Reino Unido, algo estranho aconteceu: os Serviços de Fraude Grave chamaram isso de fraude. O SFG é um regulador menor e normalmente não se envolve em tais assuntos. O principal regulador bancário britânico é a prestigiada Financial Conduct Authority, que não fez nada. Sem dúvida, descobriu que a conduta do Barclays é ótima. Eventualmente, ~~o estabelecimento~~ os tribunais britânicos examinaram o "empréstimo", não encontraram nada que pudesse indicar qualquer fraude e descartaram o caso do SFG. O tradicional senso britânico de jogo limpo prevaleceu.

Por que esse "empréstimo" para injeção de capital funcionou? Por causa da confiança. Porque as pessoas acreditavam nesse "dinheiro" auto-criado. Para torná-lo credível, você precisa de investidores credíveis, é claro. Quando você quer organizar algo assim, é melhor chamar pessoas do Golfo do que, digamos, da Mauritânia. Na verdade, de certa forma, você poderia dizer que os investidores do Golfo forneceram um serviço extremamente valioso. Só que não em dinheiro. Eles forneceram capital de confiança. Para o Barclays e o Credit Suisse, atores racionais da economia, esse capital de confiança era obviamente mais valioso do que um resgate do governo.

Acha que este processo não acontece no seu país? Bem, tenho certeza que não.

Quer você queira chamar isso de trapaça, ilusão ou fraude, é sobre confiança que o sistema bancário de reservas fracionárias existe e nada mais. Isso torna as pessoas desonestas, de certa forma, porque o Barclays e o Credit Suisse não podem sair e dizer a verdade sobre o porquê isso foi realmente feito: para encorajar os depositantes a acreditar que os bancos são sólidos, que seu dinheiro está lá de forma segura, para evitar uma corrida ao banco. É a natureza intrínseca e desonesta do sistema bancário de reservas "fracionárias". Seu dinheiro não pode estar "lá" e também emprestado. Nenhum banco é "sólido". Se você perder a confiança dos depositantes e eles retirarem seus fundos acima de uma certa quantia, qualquer banco de reservas fracionárias entra em colapso.

## Pontos importantes

1. Os bancos criam seu próprio dinheiro. Estudos acadêmicos provam isso. Alguns bancos centrais (parcialmente) admitem isso. Se você trabalhou internamente em um banco, você sabe disso.
2. Os bancos também podem criar seu próprio capital.
3. Tentar regular os bancos avaliando seus índices de adequação de capital

é uma piada.
4. Essa habilidade de criação de dinheiro está nas mãos dos 1%.

# 4
# COMO ESTÃO OS 1% CONECTADOS, GLOBALMENTE?

Pensa que os 1% não estão conectados? Pensa que eles são apenas indivíduos, não um grupo? Bem, é claro que eles têm suas próprias personalidades e negócios únicos, mas também estão ligados economicamente. Mesmo que nem sempre concordem ou gostem um do outro, todos eles têm incentivos financeiros semelhantes e interconectados que representam uma posição comum em questões que são importantes para eles. Eles não são um bloco monolítico, coordenando ações através de alguma organização central, é claro. Mas, suas interconexões têm influência significativa na sociedade e são mais visíveis durante crises financeiras.

Este capítulo estabelecerá as bases para entender a especificidade de propósito dos 1%. Para isso, precisamos começar aprendendo como o dinheiro se move de banco para banco.

## Onde as conexões começam?

E se o mutuário transferir seu depósito para outro banco? Por que o Banco B aceitaria o dinheiro de crédito recém-criado do Banco A?

Agora estamos realmente começando a chegar a algum lugar para resolver o mistério.

Para retornar ao nosso exemplo: nosso mutuário recebe US $ 10.625 em uma conta de depósito que o banco cria. Lembre-se de que as contas de depósito são passivos de um banco; é algo que o banco deve ao mutuário.

Agora suponha que o mutuário use esses fundos para pagar um fornecedor, por um equipamento, e o dinheiro seja transferido para o banco do fornecedor, o Banco B. Como cliente, você acabou de transferir "dinheiro", mas o que acontece entre esses dois bancos?

Agora, o Banco B teria uma nota promissória ao fornecedor, a qual eles teriam que pagar com seus ganhos futuros. Mas como isso se equilibra, já que eles não têm um ativo? (ou seja, eles não fizeram um empréstimo para o fornecedor, por isso não esperam um fluxo de receita futuro deles). Não é dinheiro VP (ou seja, não é dinheiro representando valor já criado, sem empréstimo ligado a ele). É dinheiro VF, mas os futuros fluxos de caixa vão para o Banco A e não para o Banco B! Você acha que o Banco B vai aceitar um passivo sem um ativo correspondente?[47] Então, como isso é resolvido? Isso faz parte do mistério. Quando você resolver isso, você será uma das poucas pessoas no mundo que realmente entende de dinheiro e serviços bancários.

Bem, para simplificar, vamos supor que os dois bancos têm uma relação direta entre si, o que significa que cada banco tem uma conta no outro banco.[48] Isso permite que o Banco A "transfira" US $ 10.625 para o banco do fornecedor, o banco. B. Existem dois aspectos principais para a transferência: um sistema de mensagens (como o SWIFT), para notificações e contas bancárias recíprocas, onde o dinheiro é trocado entre os bancos. O Banco A creditaria US $ 10.625 na conta que o Banco B detém no Banco A.

---

[47] Essa é outra razão pela qual não faz sentido dizer que os bancos criam dinheiro de crédito do "nada". Quando você entra nos detalhes técnicos, o que acontece quando o depósito que corresponde ao dinheiro do crédito é transferido para outro banco? O outro banco provavelmente quer ter algo para apoiar o novo passivo de depósito que estão assumindo. Provavelmente eles não vão aceitar se você disser que você criou do "nada", então você vai dar a eles um pouco desse "nada" como segurança.

[48] Esta é uma simplificação, mas o ponto principal é o mesmo, independentemente do sistema intermediário. Também é possível que os bancos não tenham um relacionamento direto, então eles usam um intermediário, um banco correspondente. Eles também poderiam usar algum sistema intermediário ou ambos poderiam ter contas no banco central que poderiam ser usadas para compensações. A maioria envolve dinheiro VF puro, mas alguns têm um mix de dinheiro VP e VF.

É assim que os bancos liquidam as transferências. Na maioria dos casos, é um processo longo e complexo que leva pelo menos vários dias para ser reconciliado. É também uma transferência de risco do Banco A para o Banco B. O Banco B assume a obrigação de pagar ao fornecedor, em troca de "dinheiro" do Banco A. O banco do fornecedor está recebendo dinheiro de crédito do VF do Banco A, então eles agora estão expostos ao risco de crédito do Banco A (tipo, eles tomam boas decisões de empréstimo?), seu desempenho futuro.[49] Quando você multiplica isso por milhões de transferências todos os dias no sistema bancário, você começa a entender por que quase todos os bancos de reservas fracionárias estão interligados globalmente por meio da criação de dinheiro de crédito. Você começa a entender como as *crises de crédito* são transmitidas em todo o mundo.

Você pode argumentar que pode criar dinheiro de crédito apenas entre duas entidades, sem precisar de um banco. Isso é um pouco verdade. Se um comprador dá a um fornecedor um ano para pagar, o fornecedor tem poder de compra adicional, sem nenhum banco envolvido. No entanto, isso não é realmente criação de dinheiro. Esta concessão de um ano para pagar não é muito líquida. É improvável que você possa comprar uma xícara de café com ela. Para ser aceito como "dinheiro", você precisa de um sistema inteiro. Outras entidades (como outros bancos) precisam aceitar crédito entre entidades como dinheiro.[50]

A aceitação do dinheiro de crédito de outros bancos (seja como papel emitido pelos bancos ou na forma de contas de depósito) sempre foi uma das questões-chave na formação dos bancos centrais e, em particular, no debate sobre seu papel como emprestador de última instância.[51] De fato,

---

[49] Novamente, isso é uma simplificação. Muitas transferências entre bancos são compensadas e calculadas em algum período futuro, seja intra-dia ou no final do dia ou mais tarde. Em algumas circunstâncias, a liquidação é feita por meio de participações em um banco central. No entanto, o ponto principal é o mesmo: os bancos comerciais criam a grande quantidade de "dinheiro" em nossa economia, através do processo de depósito (nota promissória). Estas notas promissórias são garantidas por apenas cerca de 10% do seu dinheiro depositado. A maior parte da obrigação de pagamento está ligada aos lucros esperados do VF. Esse dinheiro de crédito, em contas de depósito, é aceito por outros bancos como "dinheiro", o que cria o elo entre os bancos.

[50] Um exemplo é a Suíça. Os suíços, sendo um povo livre, não permitem que seu governo restrinja seu direito de criar dinheiro. Há uma segunda moeda na Suíça, chamada WIR, que é usada principalmente entre pequenas e médias empresas e está em vigor há quase 100 anos. Talvez seja por isso que o bitcoin também é aceito para muitas transações, como em trens suíços, para pagar impostos em alguns lugares, etc. Em contraste, nos Estados Unidos, os cidadãos têm amplas liberdades, mas não têm o direito de criar seu próprio dinheiro, mesmo entre adultos com consentimento, por assim dizer. Você pode dizer o que quiser, portar armas, votar, etc., mas se você tentar criar seu próprio dinheiro, os agentes do governo armados aparecerão rapidamente para impedi-lo. Agora você tocou um nervo. Agora você vê o que é realmente importante para os 1%.

[51] A profissão de economista perde apenas para o negócio funerário ao usar eufemismos. Credor de último recurso, na verdade, significa que você levou seu banco para o chão e está prestes a ir à falência. Ninguém vai negociar com você, porque eles suspeitam que seus empréstimos (necessários para

nos Estados Unidos, muitos bancos menores, particularmente aqueles que lidavam com o tipo de pequenos tomadores de empréstimos (agricultores, operários, pequenas empresas nos estados ocidentais), foram originalmente excluídos do Sistema da Reserva Federal. .

Como o dinheiro bancário cresce com o tempo.

Um único banco pode criar crédito por conta própria. À medida que esse dinheiro passa pelo sistema financeiro, os depósitos em outros bancos têm dois efeitos importantes:

1. O dinheiro depositado em outros bancos leva a mais empréstimos e criação de dinheiro, depois que esses bancos reservam uma certa quantia (a "reserva fracionária").

2. As interligações entre bancos são principalmente risco de crédito.[52]

Aqui está como isso funciona.

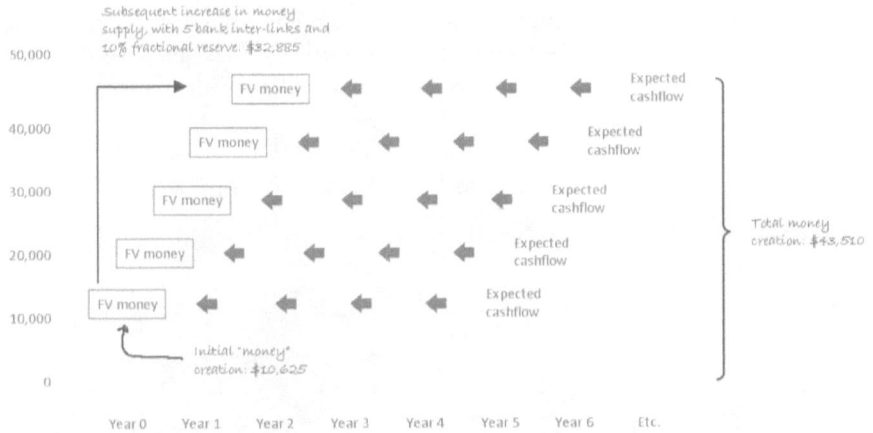

Em nosso exemplo, um mutuário começou sem nada em sua conta e, em seguida, recebeu um empréstimo de US $ 10.625. Com uma taxa de reserva de 10% decidida pelos bancos no sistema e após 5 iterações, $ 43,510 de

---

sustentar o dinheiro de crédito VF que você criou) não são muito bons. O governo pode emprestar para você porque pode imprimir mais dinheiro à existência. Isso significa que o resto de nós está em pior situação, porque a inflação nos tira valor (poder de compra). Mas, só um pouquinho para cada um de nós, então a maioria de nós não percebe o roubo. Empresas normais, como as executadas pelos 99%, podem falhar se as coisas derem errado. Pessoas comuns podem perder o emprego se as coisas derem errado. Os 1% tem um "emprestador de último recurso".

[52] Um pequeno elemento do valor trocado entre os bancos é o dinheiro VP, mas a maioria é dinheiro VF, que inclui intrinsecamente o risco de crédito.

"dinheiro" foi criado. Todo esse dinheiro é dinheiro VF: o poder de compra criado hoje depende dos fluxos de caixa futuros esperados da economia real.

Como os bancos lucram.

Os bancos lucram emprestando dinheiro a uma taxa de juros muito mais alta do que os custos dos fundos. Eles criam principalmente seu próprio dinheiro de crédito, que tem poder de compra hoje, em troca da promessa de futuros fluxos de caixa dos tomadores de empréstimos.

Evidentemente, os bancos diversificados também têm outras fontes de receita. Por exemplo, eles pegam seu dinheiro de depósito e o usam em atividades "proprietárias" (você vai apreciar a ironia do nome), como vendas e negociações, criação de mercado, gerenciamento de riqueza, investimentos diretos, etc.

Como os bancos não fazem lucro.

Os bancos não são simplesmente intermediários, cobrando pela conexão de capital excedente com oportunidades produtivas. Eles não são atores neutros na economia. Essa é a versão da Walt Disney de bancos úteis e amigáveis e é quase completamente uma mentira.

Aqui está uma ilustração de como os bancos realmente operam.

"Ai meu Deus! Você não funciona apenas como um intermediário, prestativamente conectando excesso de poupança com usos produtivos, como o que eu li naqueles manuais. Você na verdade está criando seu próprio dinheiro!"

**O Mágico do JP Morgan.**

Pontos importantes

1. Os bancos criam seu próprio dinheiro. Além disso, através do processo de depósito entre os bancos, globalmente, o próprio sistema bancário de reservas fracionárias também gera dinheiro.
2. Bancos, bancos centrais, economistas desonestos e outros facilitadores afirmam que os próprios bancos não criam dinheiro. Isso é uma mentira completa.
3. Esses agentes são parte de, e estão inextricavelmente entrelaçados com os 1%. Eles também afirmam que os bancos são atores relativamente neutros em uma economia, apenas canalizando as poupanças dos depositantes para empréstimos. Isso também é uma completa mentira.
4. Os 1% estão conectados, globalmente, através do sistema bancário.

# 5
# COMO SE PODE CALCULAR A RIQUEZA DOS 1%?

Bem, você tem que começar pelos bancos. O seu limite de tédio já foi atingido? Sim, essa é a razão pela qual o poder dos 1% é tão mal compreendido.

Por que devemos nos concentrar nos bancos? É como o ladrão de bancos Willie Sutton respondeu, quando perguntaram por que ele estava tão obcecado pelos bancos. Ele disse: "Porque é aí que está o dinheiro". "Duh", Homer Simpson provavelmente teria respondido. Se você quiser entender os 1%, entender o poder na sociedade, entender a desigualdade, entender o dinheiro e a economia, é melhor se interessar por bancos como o Willie Sutton.

Como avaliar os bancos.

Aqui está uma ilustração de um dos livros-padrão da indústria sobre valoração.[53]

---

[53] T. Copeland et al., Valuation: Medindo e Gerenciando o Valor das Empresas, 2a ed., Hoboken, John Wiley & Sons, 1994, pp. 498-499, 503.

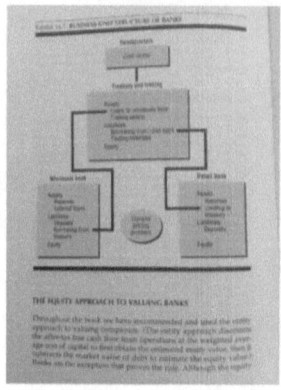
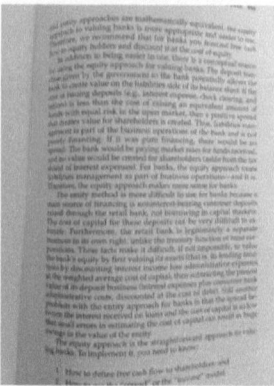
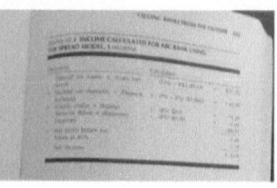

Assim, os manuais universitários dizem para você não valorar um banco como uma empresa normal que faz investimentos em busca de lucro com base no risco e no retorno. Como você deve valorizar um banco? Você deve imaginar o banco como unidades de lucro separadas e depois valorizá-las separadamente, já que, ao contrário das empresas normais, elas criam valor no lado do passivo do balanço patrimonial. Em sua imaginação, você deve assumir artificialmente que cada unidade tem seu próprio custo imaginário de capital que cobra internamente para outras unidades. No seu exemplo para o "Banco ABC", o "Banco de Atacado" faz um spread de 12 a 8% (os 8% são completamente fictícios) emprestados da unidade "Tesouro e negociação" (cujos números, convenientemente, nunca, nunca são revelados pelos bancos) e o "Banco de Varejo" recebe depósitos do público e seu lucro, do empréstimo ao Tesouro interno, é de 8 a 5% (o que também é completamente fictício). Apenas bancos como intermediários financeiros com um pouco de gerenciamento de tesouraria. Claro, talvez seja assim que funciona o ABC Bank. Talvez o ABC Bank também seja onde a Fada dos Dentes realiza seus serviços bancários.

Aqui está um texto de uma aula típica de uma escola de administração sobre a valorização de empresas de serviços financeiros.[54]

*Ao contrário das empresas de manufatura que investem em fábricas, equipamentos e outros ativos fixos, as empresas de serviços financeiros investem principalmente em ativos intangíveis, como nome comercial e capital humano. Consequentemente, seus investimentos para crescimento futuro geralmente são categorizados como despesas operacionais nas demonstrações contábeis. Não é de surpreender que a demonstração dos fluxos de caixa*

---

[54] Apostila de aula, London Business School, Mestrado em Finanças, de um professor visitante de uma escola de negócios dos EUA.

*para um banco mostre pouco ou nenhum dispêndio de capital e baixa depreciação correspondente.*

*Com capital de giro, nos deparamos com um problema diferente. Se definirmos o capital de giro como a diferença entre o ativo circulante e o passivo circulante, uma grande proporção do balanço patrimonial de um banco cairia em uma ou outra dessas categorias. As alterações neste número podem ser grandes e voláteis e podem não ter relação com o reinvestimento para crescimento futuro.*

*Como resultado dessa dificuldade em mensurar o reinvestimento, nos deparamos com dois problemas práticos na avaliação dessas firmas.*

*O primeiro é que não podemos estimar os fluxos de caixa sem estimar o reinvestimento. Em outras palavras, se não conseguirmos identificar o quanto um banco está reinvestindo para crescimento futuro, também não podemos identificar fluxos de caixa.*

*O segundo é que a estimativa do crescimento futuro esperado se torna mais difícil, se a taxa de reinvestimento não puder ser medida.*

Yeah. Levante sua mão se você consegue identificar a *circularidade* aqui.

Fora esses pequenos problemas, é fácil avaliar os bancos.

Economistas, consultores, "especialistas do setor", etc., têm em sua maioria três coisas em comum quando se trata de bancos:

1. Eles nunca trabalharam no core banking, nunca fizeram um empréstimo, nunca escreveram código para algoritmos de empréstimo, nunca viram a contabilidade interna de empréstimos gerenciais.
2. Eles nunca mencionam em seu trabalho que os bancos criam dinheiro (dinheiro de crédito, dinheiro VF) através do processo de empréstimo.
3. Eles começam a suar frio quando confrontados com a realidade dos processos bancários, uma vez que é contrária à visão de como os bancos operam que eles mesmos aprenderam quando eram estudantes.

Os bancos são *intencionalmente opacos*. Intencionalmente difíceis de entender para pessoas de fora. Há uma razão pela qual você é induzido a se sentir estúpido ou desconfortável quando a sua mente vagueia a pensar sobre como os bancos funcionam, ou definir o que dinheiro é realmente. É a mesma razão pela qual os depositários de metais preciosos e guildas da Idade Média eram impenetráveis. Qual poderia ser esse motivo? Que mistério.

O que acontece se alguém não puder pagar um empréstimo?

Quando um mutuário não pode pagar um empréstimo, isso significa que o ativo que o banco criou (o empréstimo) vale menos que o esperado; potencialmente, vale zero. Isso é um problema, porque o banco já criou dinheiro e o colocou em uma conta de depósito para o mutuário. Isso é dinheiro VF; dependente dos futuros fluxos de caixa do empréstimo. Se não houver fluxos de caixa futuros vindo do mutuário, então esse dinheiro criado, teoricamente, não tem valor.

No entanto, é um pouco complicado. Seu mutuário já pegou esse dinheiro e pagou o fornecedor dele, o que é irritante. Então, o dinheiro VF sem valor está agora no banco do fornecedor (tecnicamente, você, o banco, coloca o dinheiro VF em uma conta para o banco do fornecedor, para equilibrar tudo no sistema). Assim, agora aquele dinheiro não é útil; não desaparece simplesmente, como o empréstimo. Pior, o depósito leva o outro banco a pensar que tem mais "dinheiro". Então, eles criam mais empréstimos (e mais dinheiro), com base nesse depósito de "dinheiro" que eles receberam.

Falhas nos empréstimos causam a destruição recursiva do dinheiro de crédito da mesma forma que a criação de dinheiro de crédito leva a mais criação de dinheiro de crédito. Quando os mutuários não podem pagar empréstimos, eles destroem um ativo para o banco. O ativo corresponde principalmente ao dinheiro de crédito VF que foi criado. Este dinheiro VF também passa a não ter valor e o banco tem que encontrar outros ativos para apoiar o dinheiro VF que eles criaram. Esses outros ativos podem ser de reservas, depósitos de dinheiro VP e/ou empréstimos. Isso faz com que os bancos reduzam empréstimos, já que seus ativos foram reduzidos, resultando em um impacto sobre a economia real. Quando esse processo acontece em escala, quando está interligado entre os bancos e a destruição recursiva do dinheiro de crédito é significativa para a indústria bancária de reservas fracionárias, provoca uma variação descendente excessiva no ciclo de negócios.

Como isso funciona está descrito abaixo.

Vamos imaginar que a expectativa sobre seu empréstimo inicial seja positiva. Então, você espera receber $ 14.875 nos próximos cinco anos, pelos quais você criou dinheiro VF hoje no valor de US $ 10.675 e deu para o mutuário. No entanto, os outros 4 empréstimos que foram feitos vão à falência. Isso é um problema, pois eles estão ligados a um novo montante de $ 32.885 em dinheiro VF que foi criado no sistema como resultado do seu empréstimo inicial. (Na verdade, com base em multiplicadores típicos, muito mais dinheiro seria criado, mas vamos ser conservadores para a nossa ilustração). Então, $ 10.675 + $ 32.885 = $ 43.510 de dinheiro VF foi criado, mas o esperado fluxo de caixa a ser recebido é de apenas US $ 14.875, que entrarão nos próximos 5 anos. Se você não é um gênio de matemática, apenas saiba que esses números são ruins para a economia.

Agora você entende a crise financeira de 2008 um pouco melhor.

Como os bancos se avaliam?

Bem, eles não te dizem. Eles realmente não querem que você saiba. De todas as indústrias cobertas por analistas de pesquisa em bancos de investimento, as empresas de serviços financeiros são as mais difíceis de avaliar e depois fazer projeções. Bancos simplesmente não disponibilizam os detalhes necessários. Nenhum deles o faz. É um "segredo comercial".

Agora você conhece a maioria dos aspectos importantes de como os bancos operam. Não é tão importante conhecer muitos dos detalhes restantes. Você não vai montar uma operação bancária de reserva fracionária, espero. A principal coisa a entender sobre os bancos é que, embora a maioria de seus ativos (empréstimos) tenha uma vida finita, como, por exemplo, 5 anos, o próprio banco é corretamente concebido internamente como uma perpetuidade. É basicamente um pacote contínuo de empréstimos futuros esperados, convertendo fluxos de caixa futuros em poder de compra hoje. Este é o seu papel de monetização.

Então, você pode pensar em avaliar um banco, ou uma unidade de negócios de um banco, usando uma fórmula de crescimento na perpetuidade, conforme descrito abaixo.[55]

$$= \frac{CF}{r-g}$$

Onde,
**CF** é o fluxo de caixa esperado no período (seja t 0 ou no início de algum período de Valor Terminal)
**r** é uma taxa de desconto, o custo do capital
**g** é a taxa de crescimento futura esperada

Se a perpetuidade é para um período futuro, então o valor derivado precisa ser descontado de volta a um valor presente.

Os bancos têm uma percepção de seu próprio valor e ajustam suas ações adequadamente. As pessoas são iguais. Se você se sentir bem sobre as perspectivas econômicas futuras, sentir-se seguro, sentir-se positivo quanto ao potencial de emprego, um aumento ou um bônus, é mais provável que você abra a carteira e gaste agora. Se você se sentir inseguro sobre o futuro, está propenso a conservar seus fundos.

Para o banco, o que impulsiona suas ações é o "g" da fórmula. Essa é a sua percepção do futuro. O termo "g" tem influência significativamente maior sobre volumes de empréstimos bancários que o termo "r". Esta é uma das razões pelas quais a política de ação típica dos bancos centrais é tão ineficaz quando se trata de empréstimos agregados em uma economia. A correlação entre r e empréstimos agregados é baixa. A correlação entre a percepção dos bancos da taxa "g" e o empréstimo agregado é alta.

Como o sistema bancário funciona globalmente.

---

[55] Esta é uma simplificação e podem-se adicionar diversas considerações de avaliação. O ponto principal aqui é: mantenha seus olhos focados em "g".

A criação de dinheiro de crédito pelos bancos comerciais e o fato de que a maioria dos bancos comerciais aceita transferências de conta de depósito de outros bancos levam à interligação do risco de crédito.

Aqui estão algumas lições dessa interligação global de crédito.

- Um pequeno banco utilizando o modelo de reservas fracionárias é de alto risco. Os bancos sabem que quanto maior, melhor e que escala é importante para mitigar os riscos inerentes a esse modelo bancário. Se você é um banco, você quer ser grande demais para falhar.
- Ou, você quer estar o mais conectado possível a outros bancos, como através de correspondentes bancários. Todo mundo precisa estar nisso. Globalmente. Sucesso no sistema bancário de reservas fracionárias requer coordenação e facilitadores. Ao longo dos séculos, uma vasta infra-estrutura cresceu para fortalecer o sistema (legal, polícia, cobrança de dívidas, prisões, etc.). É o mesmo em quase todos os países, independentemente das inclinações políticas.

Pontos importantes

1. Nenhum banco revela informações importantes a pessoas de fora para permitir que o analisem.
2. Os 1% possuem a maioria dos bancos e também são os melhores "clientes" desses bancos.
3. Os 1% recebem empréstimos preferenciais dos bancos.
4. Empréstimos bancários são ativos para o banco. Eles fazem empréstimos principalmente como comitentes, não agentes, e são movidos pelas suas próprias intenções de lucro.
5. Quase todos os bancos estão funcionalmente interconectados globalmente. Os 1% globais são todos incentivados a apoiar o setor bancário.

# 6
# CRISES FINANCEIRAS GLOBAIS ... E A REDE DE SEGURANÇA PARA OS 1%

Quando uma crise atinge a economia, a maioria dos 1% está em uma posição diferente do resto de nós. Aqui está o porquê. Primeiro, como de costume, um pouco mais sobre o sistema bancário, desta vez a partir de uma perspectiva global.

Como as crises financeiras são causadas.

A grande maioria das crises financeiras é causada quando há uma destruição recursiva do dinheiro de crédito bancário que foi utilizado para a terceira área de crédito: contra os preços dos ativos.

Lembre-se que os empréstimos para as duas primeiras áreas (investimentos produtivos, como expandir as instalações ou contratar mais trabalhadores; e mudança de momento de consumo) são ambos baseados nos fluxos de caixa futuros esperados. Talvez aqueles fluxos de caixa se concretizem, talvez sejam um pouco maiores ou menores. Em casos extremos, talvez eles sejam zero.

O financiamento de ativos é diferente, no entanto. Assume-se que um ativo aumentará em valor no futuro, que é como o empréstimo é pago. Talvez você venda o estoque para outra pessoa a um preço mais alto, ou você mantém o imóvel esperando que os preços subam e então você vai vendê-lo a outra pessoa.

Se, no futuro, os preços mais altos para esse ativo não se materializarem, surgirão dois problemas para o banco, um em cada lado do balanço. No lado do ativo, bem, seu ativo caiu. As ações ou imóveis ligados ao seu empréstimo valem menos. Isso é um problema porque o seu empréstimo só é apoiado pelo valor do ativo; não há (ou há pouco) fluxo de caixa que possa ser usado para pagar o empréstimo. Seu outro problema está no lado do passivo. Você criou dinheiro de crédito e deu para o mutuário, que agora se foi. Isso é dinheiro VF; está ancorado ao valor futuro esperado do empréstimo, seu ativo (que foi por água abaixo). Não é dinheiro VP (que não tem conexão com futuros fluxos de caixa, uma vez que representa valor já criado); é dinheiro VF, que é muito mais perigoso.

Se, como é típico, o mutuário usou esse dinheiro de crédito para pagar fornecedores, isso envolverá a transferência de dinheiro da conta do seu banco para contas em outros bancos. De acordo com o que vimos sobre o funcionamento das transferências, isso significa que os fornecedores receberam um depósito do banco. Na maneira como isso funciona no sistema bancário, você terá creditado a conta do outro banco. Então, você deve dinheiro ao outro banco, o que permitiu a esse banco colocar dinheiro na conta de depósito da pessoa que recebe o dinheiro, o fornecedor.

Mas, agora, o ativo (o empréstimo) com o qual você estava contando para trazer dinheiro não existe. Infelizmente, no entanto, o dinheiro que você creditou na conta desse outro banco ainda está lá. Você ainda lhes deve o dinheiro. Você gostaria que não tivesse feito o empréstimo em primeiro lugar: o valor do ativo no mercado é incerto e não produz fluxo de caixa. Ao mesmo tempo, o outro banco, o banco do fornecedor, animadamente recebeu um novo depósito, colocou uma porção de lado na reserva, e emprestou feliz 90% do que recebeu. Você quer chamá-los e dizer, ei, talvez seja melhor apenas segurar esse "dinheiro" até que possamos descobrir o valor do ativo, vinculado ao empréstimo original. Agora, esse declínio nos preços dos ativos causou um problema para você. Também transmitiu alguns desses problemas para o banco do fornecedor, o que ele não sabe realmente. Não para aí; como o banco do fornecedor também emprestou parte desse dinheiro, então algum outro banco também tem agora um problema de crédito. A reserva fracionária não é um ótimo sistema bancário?

O gráfico a seguir ilustra o efeito do aumento das avaliações de ativos ao longo do ciclo econômico. Neste caso, elas aumentam de 100 para 305, o que é uma elevação de 25% por transação para o ativo.

O banco financia o ativo com um prudente índice de relação empréstimo/valor (LTV) de 80%. A questão chave é: qual é o nível de valor? Suponha que o valor seja definido pelo mercado (como no caso de ações ou imóveis) e você aplica mecanicamente sua taxa de 80% de LTV, como é padrão nos bancos. O problema ocorre quando o valor é redefinido no mercado e o preço do ativo cai.

O problema com empréstimos bancários contra ativos é ilustrado abaixo.

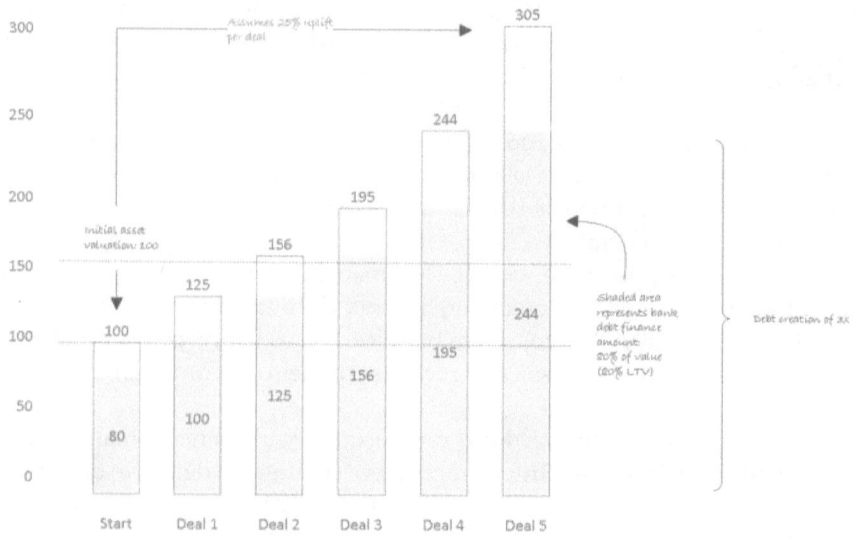

O resultado de um declínio no valor do ativo deve ser óbvio:

- A dívida bancária também não é automaticamente redefinida; o banco já fez o empréstimo, com base na avaliação (agora muito alta). De repente, o LTV é muito alto.
- Ao criar o empréstimo, o banco criou um depósito e dinheiro de crédito VF. Isso é o que foi emprestado ao mutuário. Ele também não é redefinido. Isto também é baseado em uma avaliação que era muito alta. Então, LTV muito alto = criação de dinheiro de crédito VF de alto risco na economia.
- Não há (ou há pouco) fluxo de caixa para suportar o empréstimo (e o dinheiro de crédito VF criado).
- Isso leva à destruição de dinheiro de crédito VF.
- As contas interligadas dos bancos transmitem essa destruição de valor de forma recursiva em toda a economia.

Ah, mas espere: os manuais acadêmicos me dizem que os bancos não criam dinheiro! E, que eu não deveria valorizar os bancos como se houvesse investimentos, como empresas normais! Aqui está a verdade: os bancos criam a grande maioria do "dinheiro" na economia e fazem investimentos (chamados empréstimos, os ativos em suas balanço patrimonial) com o objetivo de obter lucro. Não seja enganado.

Essa combinação (criação de dinheiro de crédito VF + uso desse dinheiro para financiar compras de ativos + interligações entre bancos) é o que causou a Grande Depressão de 1929 (declínio do valor das ações) e a Grande Recessão de 2008 (o valor de imóveis diminuiu). Essencialmente, níveis de avaliação natural de longo prazo tornaram-se distorcidos (muito elevados) pela criação de dinheiro de crédito, o que causou uma série concomitante de novas distorções nos níveis de avaliação de ativos naturais. Os níveis de avaliação de ativos naturais são aqueles níveis de avaliação que seriam definidos pela oferta e demanda de um ativo (com base nas métricas de risco e retorno) na ausência de dinheiro de crédito bancário.

Aqui está um gráfico do que a Reserva Federal nos Estados Unidos denomina "Base Monetária Ajustada".[56]

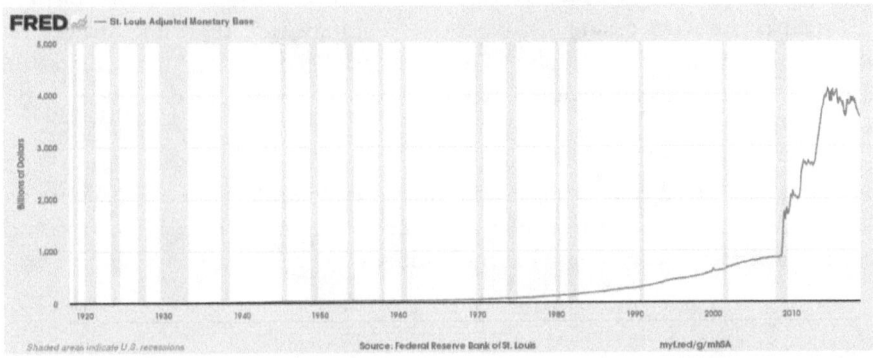

Áreas sombreadas indicam recessões.

Aqui está a conclusão-chave retirada do gráfico:

*Em um sistema bancário de reservas fracionárias, as recessões são uma ocorrência regular. Recessões são parte inerente do sistema bancário de reservas fracionárias. Recessões são a norma, não a exceção. Ninguém deve se surpreender quando a economia experimenta*

---

[56] Banco da Reserva Federal de St. Louis. Dados de 1 de janeiro de 1918 a 30 de setembro de 2018. Onde estão as séries de dados sobre a criação de dinheiro de crédito pelos bancos? E quanto aos detalhes do dinheiro de crédito usado para financiar compras de ativos? Não existem tais dados. Você pode obter dados sobre quantos aspiradores foram vendidos em cada estado, mas nenhuma estatística que realmente importe para avaliar o excesso de variância econômica.

*excesso de variação, que é causada principalmente pela criação de dinheiro de crédito bancário usado para financiamento de compra de ativos.*

(Outra conclusão importante pode ser que, dada a quantidade astronômica de "dinheiro" criada pelos bancos centrais na última década, o próximo estouro da economia aconteça em uma escala nunca antes vivenciada).

Você pode ver no gráfico que não importa se você está no faixa de tempo do padrão ouro ou não; é o próprio sistema bancário de reservas fracionárias que cria recessões. Não é o ouro que é o fator determinante. É a nota promissória.

Quando o dinheiro de crédito bancário é usado para financiar ativos que subsequentemente caem em valor, os bancos criaram efetivamente poder de compra para o qual não há fluxos de caixa futuros. O valor que um banco atribui a um ativo, como imóveis ou ações, nunca estará lá; o valor não existe.
E, não há fluxo de caixa proveniente do ativo para pagar o empréstimo ... no qual o dinheiro criado foi baseado. A imparidade do valor através da destruição recursiva do dinheiro do crédito ligado ao financiamento de ativos é o que causa a maior parte do excesso de variação descendente no ciclo de negócios.

Há uma razão pela qual o amor ao dinheiro é a raiz de todo mal. O sistema bancário dos 1% distorce nossa memória de valor criado, bem como nossos valores. Isso nos torna menos humanos.

Como os bancos se protegem contra recessões?

O sistema bancário moderno de reservas fracionárias é uma atividade *inerentemente arriscada.*

Aqui está o porquê:

1. A filosofia central do banco de reservas fracionárias é baseada na desonestidade. O banco diz aos depositantes que é o dinheiro deles, em sua própria conta, e eles podem tê-lo de volta a qualquer momento. Enquanto isso, o banco empresta a maior parte do dinheiro aos tomadores de empréstimos ou usa-o, inclusive como um insumo para a criação do seu próprio crédito. A premissa fundamental do banco de reservas fracionárias é construída sobre uma mentira.[57] Essa mentira é então propagada pelos 1%, os

facilitadores dos bancos na sociedade e reforçadas pelo Estado.

2. Esses bancos criam seu próprio "dinheiro" hoje, que tem poder de compra e que eles dão aos mutuários. O valor desse dinheiro, no entanto, depende de fluxos de caixa futuros. Se estes fluxos de caixa futuros não se materializam, a destruição recursiva de dinheiro de crédito provoca crises econômicas; isso significa que o banco pode não ter reservas para cobrir a mentira que eles contaram aos depositantes: que eles poderiam ter seu dinheiro de volta.

A estrutura típica de um banco é ilustrada abaixo.

**A estrutura de risco do sistema bancário de reservas fracionárias: Um castelo de cartas invertido**

Mesmo uma pequena alteração no valor de "g", o número de crescimento usado na fórmula de avaliação para fluxos de caixa futuros, tem um impacto significativo no cálculo do valor dos ativos dos bancos. Essa é a razão pela qual a maioria dos bancos não empresta muito de novo durante / após uma recessão, independentemente do preço do dinheiro definido pelo banco central. O preço do dinheiro (parte do custo dos fundos) é um componente do valor do ativo, mas é muito menos importante do que a estimativa de "g".

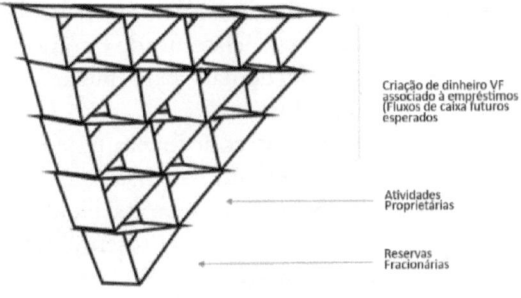

O *valor de "g"* causa uma grande variação no valor futuro estimado dos ativos de um banco, as cartas no topo da pirâmide invertida. Como o montante mantido em reserva é pequeno em comparação com o valor futuro esperado dos ativos projetados para o futuro, o efeito é que os choques sistêmicos na economia podem acabar com a valorização do dinheiro VP de muitos bancos. Antigamente, haveria (com razão) uma corrida bancária. Em 2008, após o colapso do Lehman Brothers, muitos grandes bancos globais admitiram em silêncio aos seus governos de origem que suas reservas eram insuficientes para cobrir as obrigações financeiras que criaram ou adquiriram de outros, que eles estavam insolventes. Daí o socorro aos 1% bancos pela sociedade, habilmente disfarçado pela maioria

---

[57] Aqui está uma questão moral interessante: você pode ser um ser humano decente que acredita em contar a verdade e, ao mesmo tempo, mesmo de um jeito tímido, ser um defensor do sistema bancário de reservas fracionárias?

dos governos através do uso de linguagem eufemística para descrever o que eles estão fazendo. Não tem certeza do que é o alívio quantitativo? Bem, está injetando dinheiro recém-impresso na economia sistema bancário, o que beneficia desproporcionalmente os 1%. Isso levou os prestativos bancos-simples-intermediários-financeiros, a emprestar de novo? Não. O que fará com que eles emprestem novamente? Bem, será a estimativa interna do valor de "g", motivada pelo lucro. Sua estimativa dos futuros fluxos de caixa esperados para seus ativos (empréstimos).

Então, como um banco, como você se protege contra o risco de fracasso? As respostas estão descritas abaixo.

1. As contribuições bancárias pagam os salários dos reguladores, na maioria dos países.
2. A escala é importante: bancos querem ser tão grandes e diversificados quanto possível para lidar com choques. Então, você pode ser classificado como "Sistemicamente importante" ou "grande demais para falhar" pelos seus facilitadores de agências reguladoras.
3. Os bancos contribuem para os políticos, que estabelecem as regras que governam bancos.
4. Os bancos e seus facilitadores atacam qualquer outro sistema financeiro que represente uma ameaça ao sistema de reservas fracionárias.

Alguns insiders de bancos comerciais, talvez mais cínicos ou versados na teoria dos jogos, têm uma abordagem diferente de proteção contra futuras recessões: *não fazer nada*. Recessões são um fato. Nos tempos bons, quando um banco obtém lucros, ele (e os banqueiros) recebem os benefícios. Em uma recessão leve, os bancos sofrem perdas, mas não são suficientes para ameaçar derrubar o castelo de cartas invertido. Em uma recessão ruim, todo o mundo entra em pânico. Globalmente. Independentemente do partido político no poder. Nestas recessões, todos os bancos comerciais são salvos pelo governo. O estabelecimento se une em torno de resgates bancários eufemisticamente rotulados, uma vez que o estabelecimento precisa e se beneficia do sistema bancário. Isso significa que o governo, seja óbvio ou não, toma um pouco de todos na sociedade para reabastecer o dinheiro de VP na base do castelo de cartas invertido.

A partir de uma abordagem que utiliza puramente a teoria do jogo em relação às recompensas, não fazer nada é certamente a estratégia dominante dos bancos, enquanto ainda realiza todos os exercícios de relações públicas de custo relativamente baixo.

Pontos importantes

1. Nosso atual sistema bancário é uma droga.
2. A criação de moeda bancária usada para financiamento de compra de ativos causa os altos e baixos no ciclo de negócios.
3. Como a morte e os impostos, as recessões são algo esperado, não surpreendente.
4. Os bancos são realmente melhor vistos, tecnicamente, como um pacote de opções reais baseado no valor futuro esperado dos fluxos de caixa dos empréstimos e o valor do dinheiro que eles criaram.
5. Os bancos, a criação de dinheiro e os 1% estão tão interligados que é difícil separá-los.

# 7
# QUEM HABILITA OS 1%?

Alguns dos 1% chegam lá porque são incrivelmente inteligentes, trabalham duro, e criam muito valor para a sociedade, como Elon Musk. Muitos outros chegam lá porque eles têm acesso preferencial ao dinheiro do banco, nos melhores termos. Mas, quem habilita esse sistema monetário para o 1%? Não é regulamentado? Vamos descobrir.

Regulamentação.

Agora sabemos que o poder de criar a oferta monetária em uma economia é concedido aos bancos. Sabemos também que o dinheiro do crédito bancário está vinculado a empréstimos, que são apenas fontes de fluxo de caixa futuras esperadas. Essencialmente, um banco dá ao seu cliente mutuário "dinheiro" hoje em troca da promessa do devedor de pagar mais dinheiro no futuro. Na sua tomada de decisão sobre empréstimos (e criação de dinheiro), um banco realiza suas operações conduzido por um motivo de lucro.

Esta concessão de poderes de criação de dinheiro para os bancos levanta algumas questões éticas, algumas das quais são apresentadas abaixo.

1. A sociedade concede o direito exclusivo aos bancos comerciais de criar dinheiro de crédito em uma economia.[58]

2. Os bancos criam esse dinheiro de crédito com o objetivo de maximizar lucros para seus acionistas.
3. Este dinheiro de crédito é assegurado gratuitamente pelo governo, que fornece um subsídio maciço para o setor bancário.[59]
4. A regulamentação bancária é determinada pelo setor político, incluindo a concessão de direitos de criação de dinheiro, subsídios e restrições no uso de fundos para empréstimos.
5. Os bancos fazem transferências significativas para o setor político.
6. Se os bancos obtêm lucro, esses lucros são retidos pelos acionistas do banco.
7. Se os bancos falirem, o custo do insucesso, incluindo a recapitalização, é suportado principalmente pela sociedade.

Uma vez que os depósitos de um banco são assegurados pelo governo, isso representa uma vantagem significativa para os bancos. Além dos bancos terem o direito de criar dinheiro de crédito, que forma a grande maioria do dinheiro na economia e é usado exclusivamente para o benefício de seus acionistas (com representação significativa pelos 1%), o governo também fornece *um enorme subsídio* para esses bancos na forma de *seguro de depósito gratuito*.[60] O seguro de depósito grátis não só aumenta artificialmente os lucros bancários, também cria uma questão de risco moral extremamente grave, que contribui para a variação excessiva no ciclo de negócios. Imagine por um momento que os próprios bancos tiveram que pagar seus próprios

---

58 Isto é dinheiro VF (dependente de resultados econômicos futuros). Dinheiro VP (que não está vinculado a qualquer reembolso) só pode ser criado pelo governo

59 Existe um valor máximo explícito por conta de depósito que é segurado. Implicitamente, todos os fundos de um sistema bancário são segurados. Para muitos governos, com base no benefício econômico, essa é sua maior transferência isolada de valor após Defesa, Seguridade Social, Educação e Assistência Médica. Os governos geralmente podem satisfazer essa obrigação de seguro bancário de uma forma aparentemente sem custo (ou até mesmo benéfica) para o excesso, imprimindo dinheiro e causando inflação. A inflação reduz as responsabilidades do governo (portanto, é um benefício para o governo). No entanto, satisfazer esse seguro imprimindo dinheiro tem um custo para a sociedade: leva aqueles que têm poupança a uma situação pior, já que isso basicamente tira o poder de compra deles.

60 Seguro é o melhor termo descritivo a ser usado para dar confiança aos "depositantes", mas não é seguro. Quando você assegura sua casa em caso de incêndio, a companhia de seguros tem um fundo disponível para cobrir as reivindicações. Com o seguro de "depósito" do governo, não existe tal pote de dinheiro. Se o governo precisa socorrer o setor financeiro (exatamente isso: como o que aconteceu nos últimos 10 anos e que continua até hoje), eles imprimem dinheiro. Eles não retiram de um fundo de seguro. Em alguns casos, para as vitrines, os bancos fazem transferências para o governo pelos custos da agência reguladora/seguradora/garantidora, mas estes não são prêmios de seguro, calculados como prêmios se houvesse um fundo de seguro. Eles chamam de nomes diferentes para que ninguém surte e pegue em armas, mas é dinheiro recém-criado. Quem paga por todo esse "seguro" que sustenta o setor bancário? Você: o contribuinte. Difícil acreditar que não é realmente um seguro? Não se preocupe, também não é um depósito. A maneira correta de entender as garantias por trás do sistema bancário de reservas fracionárias é que o ~~depósito~~ empréstimo de você ao banco é garantido por uma ~~apólice de seguro~~ promessa do governo de imprimir mais dinheiro para que o banco ~~devolva seu depósito~~ pague o empréstimo que você lhe fez (só que com menos valor, significando menos poder de compra, causado pelo processo de dinheiro recém-criado, um pequeno imposto dos 99% para ajudar os ~~1%~~ bancos).

prêmios de seguro, seja para o governo ou para uma companhia de seguros do setor privado. Se as empresas comuns tivessem seguro gratuito sobre tudo o que fizessem, você acha que isso poderia afetar seu comportamento?

Reforma?

Se você está ficando todo animado sobre ...

- as possibilidades de restringir os bancos de emprestarem seu dinheiro de crédito para financiar a compra de ativos como uma forma de reduzir a variação excessiva no ciclo de negócios, ou
- fazer com que os bancos paguem os custos do seguro de depósito para reduzir o risco moral, ou
- proibir bancos de fazerem contribuições políticas, ou
- colocar etiquetas de advertência em contas de depósito dizendo às pessoas a verdade sobre elas estarem na verdade emprestando suas economias ao banco e que o banco pode fazer o que quiser com o dinheiro, que não é mais seu...
- Etc.

... você precisa ter em mente que grandes partes do estabelecimento estão enredadas como facilitadoras desse sistema bancário de reservas fracionárias. Meios de subsistência de milhões de pessoas dependem da sociedade não olhar atrás da cortina para ver o que os bancos realmente fazem. Será uma luta de *Davi contra Golias com esteróides* e, mesmo que você tenha sucesso com essa reforma, o sistema bancário de reservas fracionárias ainda é inerentemente desonesto e falho.

Existe um sistema novo e melhor que surge como uma alternativa. Um que não depende dos bancos. Tecnicamente, é um sistema digital, comparado ao sistema analógico que é o sistema bancário tradicional. É uma alternativa que não tem toda a perversidade moral do antigo sistema de reservas fracionárias. Um que restaura o conceito de memória de valor criado através do esforço produtivo na economia. Um que se alinha com nossos valores humanos mais básicos. Há uma nova alternativa tecnológica que é como a luz solar, um desinfetante necessário para o sistema doente em que vivemos agora. Nós chegaremos a isso mais tarde, mas primeiro você precisa entender quem realmente empodera os 1% e seu sistema bancário.

Bancos Centrais.

Qual é o principal papel dos banqueiros centrais na regulação do sistema econômico atual?

Se você viu o gráfico acima dos crescimentos e colapsos econômicos ocorrendo como um relógio no século passado, você pode ficar tentado a rir dessa questão. Você pode concluir, pela evidência, que os banqueiros centrais são ineficazes. No entanto, você pode estar sendo gentil com eles, então vamos ver os detalhes.

Imaginemos que ser um banqueiro central era um trabalho real, como ser engenheiro, desenvolvedor de software ou médico. Os principais objetivos de um banqueiro central são a *estabilidade de preços* e o *emprego*. Bem, aqui está um gráfico do poder de compra do dólar dos EUA desde a concepção da Reserva Federal até o final de 2017.

Explica porque você não vê mais muitas lojas "Five & Dime" (Lojas de 5 e dez centavos) nos EUA. Ótimo trabalho Fed. Parece que o Zimbábue, só que numa janela de tempo mais ampla.

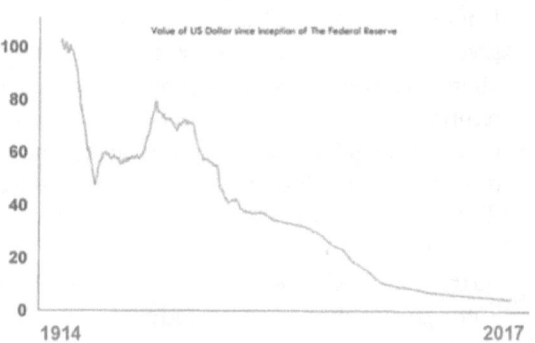

OK, então o produto perdeu 95% de seu valor e você queria que ele ficasse estável. Isso não é tão bom no currículo. Mas, superou quase todas as outras moedas de estado e é por isso que hoje é a moeda de reserva global. Então, talvez você possa argumentar em sua defesa, se você fosse um banqueiro central dos EUA, que seu desempenho foi ruim, mas foi um pouco menos do que a maioria dos outros. O mesmo com o seu produto: obviamente também é uma droga, mas um pouco menos do que a maioria dos outros.[61] Então você se lembra de outra forma de dinheiro: ouro. Que de alguma forma manteve seu valor desde os tempos neolíticos, mesmo sem o benefício de um diploma de economia, o que é realmente irritante. Assim, concluindo, os banqueiros centrais podem ir para casa no final do dia e se sentir muito bem com seu desempenho relativo. Exceto contra aquela rocha.

---

[61] Por mais difícil que seja acreditar, na verdade existem pessoas da criptotecnologia trabalhando agora na criação de "moedas estáveis" atreladas ao valor do dólar americano.

Vamos nos voltar para os crescimentos e declínios. Você se lembra do gráfico acima. Bem, houve 18 recessões registradas oficialmente nos últimos 100 anos nos Estados Unidos, de duração variável. Vamos supor que não houve booms e que os períodos de recessão foram os únicos períodos ruins para a estabilidade de preços. Vamos ser generosos e dizer que uma vez a cada 10 anos há uma falha no sistema. Então, e se a mesma coisa acontecesse na engenharia? E se construíssemos barragens e a cada 10 anos elas explodissem? Você acha que as pessoas podem reclamar? E se você construísse smartphones e um em cada 10 vezes que você ligasse, não funcionasse? Você acha que as pessoas continuariam comprando seu produto? E se um em cada 10 pacientes morresse durante o seu plantão? Você acha que ainda estaria praticando medicina?

Então, por que aceitamos esse fracasso dos banqueiros centrais? Por que vivemos suportando esse excesso de variação no ciclo econômico, seus efeitos destrutivos sobre a riqueza e o emprego e sua repetição ao longo do tempo?
Onde estão todas as pesquisas acadêmicas sobre os efeitos da criação de dinheiro de crédito pelos bancos? Onde está a análise do impacto desse dinheiro de crédito e seu uso para a compra de ativos? Onde estão as estatísticas sobre a destruição recursiva e reversa desse dinheiro de crédito quando as avaliações de ativos (em sua maioria arbitrárias, que sustentaram a criação de dinheiro de crédito em primeiro lugar) declinam até um nível de desencadeamento, o que causa o efeito de avalanche de destruição de dinheiro de crédito? Onde estão os detalhes sobre como as interligações globais dos bancos que aceitam o dinheiro VF de outros bancos transmitem crises financeiras? Bem, não há nada da indústria econômica sobre isso.

## Bancos centrais e confiança.

Alguns argumentam que são os bancos centrais que geram confiança no sistema bancário. As pessoas que mais frequentemente fazem esse argumento são os banqueiros centrais. Vamos analisar sua afirmação em relação à confiança.

O estabelecimento do Sistema de Reserva Federal nos Estados Unidos proporciona uma boa experiência para testar se a presença de um banco central teve um impacto sobre a estabilidade do setor bancário comercial. O banco central dos EUA foi estabelecido no final de 1913. Em uma comparação entre as duas décadas anteriores e posteriores a esta data (ajustando para os efeitos da Grande Depressão), não houve mudança significativa na taxa de falências bancárias. No entanto, a partir de 1933, houve relativamente poucas falhas nos bancos. Foi a primeira vez na história dos EUA que os fracassos dos bancos chegaram a uma parada quase total. O que causou isso? Em 1933, os EUA criaram um seguro de depósito, em uma entidade separada do banco central. Os depósitos bancários de todos passaram a ser assegurados pelo governo (pelo menos essa era a mensagem principal, sem entrar nos detalhes). A estabilidade dos bancos tem pouco a ver com os banqueiros centrais ou com a taxa monetária do banco central. Tem a ver com *seguro* e *confiança* em um banco. Não confiança na capacidade dos bancos centrais de tomar decisões econômicas sábias.

Aqui está outra maneira de olhar para a confiança na administração dos bancos centrais do dinheiro de um país: como o poder de compra de uma moeda se compara ao ouro? Melhor ainda: se as pessoas realmente confiassem em banqueiros (banqueiros centrais ou banqueiros comerciais), não deveria haver mercado para o ouro como reserva de valor. Nós teríamos descartado ouro do jeito que paramos de usar conchas. A diferença entre a moeda de uma nação e o ouro é que os banqueiros centrais não podem imprimir ouro.

A política monetária é realmente tão ineficaz quanto a evidência mostra?

Falando em fracasso, vamos dar uma olhada na ferramenta de política preferencial dos banqueiros centrais: a política monetária. As pessoas falam sobre política monetária em tom reverente, como se um pequeno conclave de burocratas do governo que define o preço do dinheiro (em economias capitalistas supostamente de livre mercado) tenha alguma bola de cristal mágica. Pessoas que não têm nada melhor para fazer com seu tempo, na verdade, rastreiam seus votos nesses conclaves inúteis. Quero dizer, veja o histórico: se essas pessoas fossem médicas, você as deixaria em qualquer lugar perto de você com um bisturi? De qualquer forma, eis por que a política monetária está fracamente correlacionada com os custos de financiamento bancário.[62]

---

[62] Este livro trata apenas da questão principal: por que a política monetária é fundamentalmente falha, uma vez que afeta apenas (indiretamente) um aspecto minoritário dos custos de financiamento dos bancos. Além de ser apenas uma política insana, a política monetária também é ineficaz (mesmo que não seja equivocada). A implementação da política tem um "efeito de desfasamento", no qual são necessários meses para que as mudanças na taxa sejam transmitidas através do sistema bancário. Ah, e há muitos bancos centrais envolvidos no processo. Então, a fórmula é: comitê de economistas do governo + olhar através de uma bola de cristal por pelo menos um ano + talvez meia dúzia de bancos centrais importantes = implementação de políticas. O que leva, digamos, 6 meses até afetar indiretamente a economia. Você tem que ter uma capacidade mental diminuída para achar que isso é efetivo. Mas não se preocupe com a eficácia da política. Toda a abordagem é uma piada. Que provavelmente deveríamos ter percebido há 18 recessões atrás.

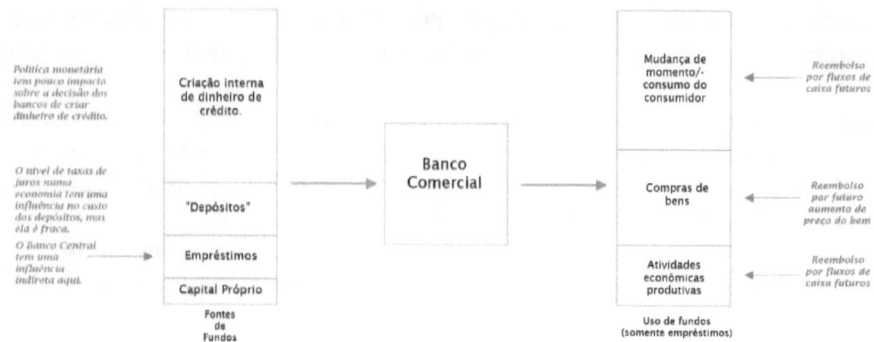

Esta é uma ilustração de fontes e usos de fundos para bancos comerciais, em relação a empréstimos. A política monetária está fracamente correlacionada com os custos reais de financiamento de um banco comercial; é por isso que é tão ineficaz.

A política monetária afeta principalmente e indiretamente apenas *uma das quatro* principais fontes de recursos para um banco: empréstimos do banco central.[63] Esta é uma minoria do custo de fundos de um banco. A maior fonte de recursos é a criação interna de dinheiro de crédito. O custo desse dinheiro não é definido pelo banco central. Como exemplo, enquanto as boas pessoas do Lehman Brothers estavam empacotando hipotecas sub-prime tóxicas e fazendo com que recebessem classificações AAA pela S & P e pela Moody's e se preparando para vendê-las a compradores desavisados em todo o mundo, ninguém parou e disse: "Espere um minuto. Qual é a

---

63 O mercado de empréstimos interbancários também é afetado pelas decisões sobre o preço do dinheiro tomadas por um banco central, mas o efeito aqui é ainda mais fraco. O mercado interbancário é onde os bancos fazem empréstimos uns aos outros. A taxa do banco central é levada em consideração (mínima) aqui, mas o principal determinante é o risco do banco para o qual você está emprestando. Assim, o mercado interbancário estipula seus preços principalmente de acordo com o risco de crédito, não com a taxa de fundos do banco central atual. Por exemplo, quando a crise financeira de 2008 se desdobrou, a maioria dos bancos centrais reduziu suas taxas de financiamento. No entanto, como os bancos estavam (corretamente) cautelosos com o risco um do outro, as taxas no mercado interbancário seguiram o caminho oposto das taxas do banco central: elas subiram. Até o mercado congelar, quando os bancos não estavam dispostos a emprestar um para o outro a qualquer preço. Isso significa que cada banco estava dizendo para si mesmo: quem sabe que riscos outros bancos estão assumindo, em que criação de dinheiro VF eles estiveram envolvidos? Isso equivale a corridas ao banco à moda antiga, em que alguns bancos não aceitariam o papel-moeda de outros bancos, por causa do risco de crédito (uh, sim, como você criou esse dinheiro de crédito? Emprestando a tomadores subprime? Por que eu deveria ter esse risco transferido para mim?). Nos Estados Unidos, houve uma era em que muitos bancos emitiram seu próprio dinheiro, a chamada Era do Free Banking. A maioria dos economistas mentirá para você e lhe dirá que esta era acabou. Na verdade, em vez de suas próprias notas bancárias, os bancos hoje imprimem seu próprio dinheiro na forma de contas de depósito, as quais transmitem poder de compra. Que pode ser transferido para outros bancos. O que torna o dinheiro VF (vinculado a um empréstimo) criado pelo banco de origem ... o problema de qualquer banco vinculado também. Assim, os bancos têm duas principais ligações de transmissão de risco: o mercado de empréstimos interbancários e a aceitação de transferências de dinheiro de depósito de outros bancos.

taxa dos Fed Funds?". A linha de receita esperada era tão alta (e eles não iriam mantê-las em seus próprios livros por muito tempo, esperançosamente) que mesmo que a taxa do banco central dobrasse, isso teria muito pouco efeito sobre o custo dos fundos e, consequentemente, sobre os lucros esperados.

Aqui está um pequeno quebra-cabeças para você:

Se os bancos comerciais criam a grande maioria do dinheiro em uma economia ... e eles o fazem "do nada" (quase, pelo menos em termos de custo dos fundos), então ... por que a taxa de juros do banco central é tão importante? Por que pensamos que a política monetária é tão importante? Talvez não possamos ver a floresta formada por todos os pontos ao redor. Talvez a trama dos pontos seja o ópio das massas financeiras, que as impede de ver o sistema bancário de reservas fracionárias como ele realmente é.

## A analogia correta da tigela de ponche.

Alan Greenspan observou que o papel do banco central era tirar o ponche da mesa justo quando a festa começasse (com o que ele queria dizer que o banco central aumentaria as taxas de juros quando a bola de cristal previsse uma recuperação futura no ciclo econômico; usando a política monetária para gerir a economia). Nós todos sabemos quão bem isso acabou. No entanto, foi seu raciocínio que estava incorreto, porque ele não entende como os bancos realmente operam (ou não está dizendo a verdade). <u>Não é</u> simplesmente uma questão de timing. Não é simplesmente que o Federal Reserve possa esperar muito tempo para aumentar as taxas de juros, para estourar uma bolha de ativos (ou, como 18 delas no século passado).

O ponto correto a ser entendido sobre regulamentação de bancos é que:

*Eles não estão bebendo do seu ponche, cara.*

Eles têm sua própria tigela de ponche. E é 10x o tamanho da sua. E o mix em seu ponche é muito mais intoxicante do que o seu ponche.
Sim, claro, eles vêm e bebem da sua tigela de ponche. E, da tigela de ponche dos depositantes. Mas não é aí que a festa está.

O problema de Alan Greenspan foi o OQVVETQE. O Que Você Vê É Tudo Que Existe. O viés cognitivo descrito por Daniel Kahneman e Amos Tversky. Talvez os banqueiros centrais em seus belos escritórios, e os economistas presunçosos da torre de marfim que os cercam, não gastem muito tempo pensando "bem, ainda há muitas coisas que eu não sei". Você vê os banqueiros bebendo da sua tigela de ponche e você assume que é tudo o que eles têm para beber. Bem, se os bancos só recebessem dinheiro do banco central e/ou o banco central controlasse essa oferta monetária através da exigência de reservas/multiplicador de dinheiro, então tirar o ponche da mesa, de fato, desencorajaria a festa. Mas, como explicado acima, essa é uma parte relativamente pequena das fontes de recursos dos bancos, do suprimento monetário, suprimento no sentido tanto do ouro quanto da nota promissória, já que ambos têm poder de compra. Se você vê os bancos principalmente através das lentes da exigência de reserva/multiplicador de dinheiro, você estaria perdendo algo crucial; você teria caído nesse viés cognitivo.

(Além do fato de que, apenas por análise empírica, até tirar sua própria tigela de ponche obviamente não funciona, então talvez seja hora de revisitar seu modelo mental. "Duh", mesmo pela observação do senso comum, *obviamente não funciona*, Homer Simpson diria).

Da mesma forma, se os bancos só recebessem dinheiro dos depositantes, se os bancos fossem apenas intermediários financeiros, a retirada do ponche seria eficaz. Mas, novamente, esta é uma parte relativamente pequena da oferta monetária. Se você vê os bancos principalmente através das lentes deles como intermediários financeiros, também estaria faltando algo crucial; mais uma vez, você teria caído nesse viés cognitivo.

Então, quem está certo?

A prova só pode estar nos resultados empíricos. Esses resultados não são favoráveis à teoria da exigência de reserva/multiplicador de dinheiro, nem à idéia de que os bancos atuam apenas como intermediários financeiros. Os resultados também não apoiam a eficácia da política monetária na gestão de variações econômicas.

*Aumentar as taxas não acaba com a festa.[64] Cortar taxas não trazem a festa de volta à vida.*

Se você vê os bancos pelo que eles realmente são, se você realmente entende de dinheiro, então você sabe qual ponche tirar da mesa.

---

[64] Ignore, por enquanto, a arrogância de que um pequeno grupo de funcionários do governo vê o futuro melhor do que o conhecimento difundido por toda a sociedade, que os poucos centralizados são melhores que a comunidade descentralizada. E que esses supostos visionários façam a coisa certa para a economia. Você só precisa olhar para os gráficos de poder de compra e recessões para ter essa idéia dissipada em sua mente. É claro que as mudanças nas taxas têm um impacto nos mercados financeiros, que são principalmente o dinheiro VP. No entanto, a correlação entre as variações da taxa e os volumes de depósitos e empréstimos bancários, bem como as taxas de depósitos e empréstimos, é muito baixa.

No entanto, mesmo que você entenda a situação, existem alguns erros fatais que surgem devido ao sistema bancário de reservas fracionárias, que estão descritos abaixo.

1. Não estamos falando de uma tigela de ponche física, é claro. Estamos falando em aumentar as taxas de juros do banco central. Isso influencia principalmente o dinheiro do banco central,[65] e não o dinheiro de crédito VF de um banco (que tem seus próprios custos e depende dos futuros fluxos de caixa esperados como os principais impulsionadores). Como o dinheiro do banco central é uma fonte relativamente pequena de fundos para os bancos, a alteração do custo desse dinheiro terá um impacto fraco no comportamento de um banco. Consequentemente, a política monetária é relativamente ineficaz.
2. As taxas de juros são um instrumento contundente; elas não podem ser direcionadas para onde está o problema, que é quase sempre o terceiro uso de fundos: compras de ativos. As taxas de juros são elevadas em toda a economia, afetando também os outros dois usos de fundos: investimento produtivo e mudança de momento de consumo. Isso causa deslocamento na economia e distorce os sinais de preço, sem abordar o motivo principal de preocupação.
3. A criação de dinheiro de crédito pelos bancos não é diretamente controlada ou regulada pelo banco central; não existe nenhum mecanismo de regulação em vigor, exceto, talvez, a persuasão moral.
4. O uso de fundos deste dinheiro de crédito também não é controlado ou regulamentado. Os dois juntos (criação de dinheiro de crédito + o uso desse dinheiro para financiar compras de ativos) têm o maior impacto sobre as variações excessivas no ciclo de negócios.

Então, em resumo, você pode tirar da mesa <u>sua própria</u> tigela de ponche, se quiser. Os bancos não se importam muito. Eles ainda vão continuar festejando com os 1%, se o futuro que eles vêem parecer brilhante. Como você sabe, você não pode tirar a tigela de ponche deles; a decisão de beber ou não foi concedida a eles, já que eles criam a maior parte do dinheiro em uma economia.

---

[65] Claro, mudar a taxa de juros tem algum impacto em toda a economia, particularmente nas margens. Mas, ainda é uma parte menor do mix de financiamento para os bancos. A suposição do banco central de que todo mundo está bebendo da mesma tigela de ponche é *inconsistente com a realidade* e, consequentemente, atribui uma maior eficácia para a política monetária do que é realmente o caso.

*Você não pode forçá-los a parar de beber, assim como você não pode forçá-los mais tarde a começar a beber novamente.*

A última década mostrou isso claramente para nós. O que você faz com a sua pequena tigela de ponche está fracamente correlacionado com a vontade dos banqueiros de se divertir. Ainda pior do que não ser capaz de tirar a tigela de ponche dos bancos, você não pode controlar o que eles fazem quando estão bêbados. Se os banqueiros quiserem emprestar com a esperança de preços cada vez maiores dos ativos (porque os valores dos ativos são "tangíveis"), não há nada que os reguladores possam fazer sob o sistema atual.

Em suma.

Este é o nosso moderno sistema bancário de reservas fracionárias. Não é de todo capitalista; é mais como um sistema fechado de guildas medievais e sempre promoverá a desigualdade e excluirá grupos externos por sua própria natureza. É tão destrutivo quanto desonesto. Está tão distante do conceito de valor e dos nossos melhores valores humanos quanto se pode chegar.

Pontos importantes.

1. A capacidade dos bancos de criar dinheiro essencialmente permitiu que uma forma do que os economistas chamam de "*elite capture*" exista no setor bancário comercial.
2. A combinação de bancos comerciais + o banco central + políticos seletos determina as regras para o setor bancário, incluindo a fixação do preço do dinheiro na economia, permitindo que os bancos criem seu próprio dinheiro. Nada disso é baseado no capitalismo. O núcleo do setor bancário não funciona dentro dos princípios do livre mercado. Funciona para os 1%.
3. Não há quase nenhuma regulação dos dois aspectos mais importantes do sistema bancário: criação de dinheiro e uso de fundos (como os bancos investem seu dinheiro). O acesso a esse dinheiro permite que os 1% captem vastas quantidades de riqueza e influência na sociedade e perpetuem sua posição.
4. Esses dois fatores: criação de dinheiro + uso de fundos

(particularmente no financiamento de ativos) explicam a maior parte da variação excessiva no ciclo econômico (crescimentos e declínios).
5. A política monetária é quase completamente ineficaz.

Alguns pensamentos:

- Na crise financeira de 2008 nos Estados Unidos, tanto as administrações de esquerda quanto de direita adotaram as mesmas ações: concentraram-se em poupar ~~os 1%~~ os bancos acima de tudo. Mesma coisa globalmente.
- Os bancos fazem ~~pagamentos~~ contribuições para ambas os lados do espectro político, em medida relativamente igual.
- Crescimentos e declínios acontecem aleatoriamente, mas regularmente. Durante os últimos cem anos. Então, obviamente, regulamentação e política que ignoram a criação de dinheiro dos bancos não funcionam muito bem.

# 8
# QUEM HABILITA OS HABILITADORES?

Para entender os 1% e seu sistema bancário, você precisa saber sobre um banco em Basel, na Suíça. Uma parte disso começa a soar um pouco como ficção, mas eu só toco nos fatos econômicos (entediantes).

O Banco de Pagamentos Internacionais (sigla inglesa BIS).

O Bank for International Settlements (BIS) foi criado na década de 1930 por oito países. Está sediado em Basel, na Suíça, embora os escritórios do banco estejam, por tratado internacional, fora da jurisdição suíça. Durante a década de 1930, o banco foi criticado por agir em benefício do governo nazista da Alemanha, e nazistas de alto escalão ocuparam lugares no conselho do banco. O BIS é descrito como o *banco central dos maiores bancos centrais do mundo* e realiza reuniões regulares e secretas em Basel para seus membros.[66]

Para ajudar a criar confiança entre os bancos, um comitê sob a supervisão do BIS estabeleceu regras sobre quanto os bancos de capital devem manter, informalmente chamadas de Acordo de Basel. Na altura em que comecei a atuar no banco, em 1988, sugeri que os bancos mantivessem 8% do seu capital ponderado pelo risco como reservas. Tenho certeza que você está pensando: uau, 8% na parte inferior do castelo de cartas invertido!! Isso deve dar a todos muita confiança.

Então, depois que isso não teve qualquer efeito observável em crises financeiras, ou sua transmissão entre bancos, ou qualquer outra coisa, Basel II foi posto em prática em 2004. Basel II foi mais complexo: algumas das melhores mentes da economia, muitos dos quais são nomes familiares e aparecem regularmente na televisão financeira e em Davos, ajudaram a conceber uma abordagem de "Três Pilares" para gerenciar bancos de reservas fracionárias. Isto foi baseado em:

---

[66] Se você está preocupado que eu comece a me desviar para algumas teorias de conspiração estranhas e está tentado a parar de ler, não faça isso. O BIS parece algo saído de um romance de Dan Brown, mas não posso evitar; estes são apenas os fatos. Para um esclarecimento completo, eu não li livros conspiratórios sobre o BIS, como A Torre de Basel, embora um amigo aqui na Suíça tenha me dito que o livro existe. Pessoalmente, não estou tão interessado em tais coisas; estou interessado apenas em economia e bancos. Eu não acho que o BIS ou outros bancos centrais estejam envolvidos em uma vasta conspiração ... principalmente porque eles são tão completamente ineficazes em seus trabalhos diários que eu não consigo vê-los fazendo isso.

1. Requisitos Mínimos de Capital, o que se afastava de uma abordagem de reservas padronizadas para algo mais personalizado, que poderia ser criado por cada banco como bem entendesse;
2. Revisão de supervisão, que fornece aos reguladores "melhores ferramentas" do que as disponíveis anteriormente; e
3. Disciplina de mercado, que continha um conjunto de requisitos de divulgação para que os bancos não ocultassem passivos tóxicos em seus livros.

E... Basel II funcionou muito bem. Não houve excesso de variação no ciclo de negócios desde 2004. Preços estáveis. Pleno emprego. Não há falhas bancárias iminentes. Nenhuma dívida escondida pelos bancos. Não há eventos globais de risco sistêmico. A política monetária alcançou seus objetivos. As bolas de cristal dos bancos centrais são grandes indicadores do futuro.

Estou só brincando. Foi um desastre total, como você provavelmente sabe pela crise financeira de 2008, cujos efeitos estão conosco até hoje. Se você realmente entende de bancos, se torna um pouco sarcástico sobre o sistema.

*Hora da aula de adivinhação para bancos centrais*

Há também um Basel III. Eu pouparei você dos detalhes. Era para ser implementado em etapas até 2015. No entanto, tem sido repetidamente adiado, agora até 2019. Não o procure: é projetado para ser complexo e opaco para pessoas de fora. Se você gastar tempo pesquisando, pelo menos três coisas vão mantê-lo acordado durante a noite: os requisitos de reserva fracionária são, bem, uma fração; os bancos usam seus próprios modelos internos de risco para muitas das avaliações; e muita análise de risco de crédito é feita pela S & P e pela Moody's (você pode se lembrar que o modelo de negócio deles é que os bancos pagam pelas suas avaliações de crédito, o que provavelmente não leva a nenhum conflito de interesses; eles também são aqueles que trouxeram centenas de veículos hipotecários subprime com classificação AAA). Há muitos jargões populares sobre a regulamentação macroprudencial. Provavelmente, Basel III será tão eficaz quanto os outros acordos.

Os acordos de Basel não são realmente aplicados em nenhum lugar, exceto na União Européia. Eles são de alguma forma consagrados em lei na UE e supervisionados pelo Banco Central Europeu. Os Acordos de Basel, felizmente, impediram quaisquer problemas nos sistemas bancários de reservas fracionárias dos Estados membros e, em particular, os sistemas bancários de Portugal, Itália, Irlanda, Grécia e Espanha têm se saído muito bem na última década.

O BCE, sob a liderança transparente dos italianos e franceses, e apesar de ter imprimido mais dinheiro do que existia na Terra há algumas décadas, a maioria dos quais foi revelada ao povo europeu de uma maneira completamente direta, também está indo muito bem.

A coisa estranha sobre os Acordos de Basel é que não há menção em nenhum lugar nas milhares de páginas de relatórios e recomendações sobre os ~~1%~~ bancos criando dinheiro. O mistério de novo; por que você acha que isso acontece?

Os Acordos de Basel procuram regulamentar os bancos como se o dinheiro fosse criado apenas pelo banco central e depois houvesse um efeito multiplicador monetário baseado na taxa de reserva (você lembra, aquela taxa crucial que Canadá, Austrália, Suécia, Reino Unido, etc. não tem) e/ou como se os bancos fossem simplesmente intermediários financeiros, a versão da Walt Disney sobre o que os bancos são.

Nenhum desses acordos considera as implicações de toda a criação de dinheiro de crédito bancário, a maior fonte de recursos para um banco.

Aqui está a melhor maneira de entender os Acordos de Basel:

*O sistema regulador global falha inteiramente em regular a principal fonte de recursos para um banco: o dinheiro de crédito criado por ele mesmo.*

*O regulamento também falha em controlar um uso de fundos chave, o uso para compra de ativos, que é a principal causa do excesso de variação no ciclo de negócios.*

Além dessas questões, não há nada com o que se preocupar.

Combinado com o que você sabe sobre a capacidade dos bancos de influenciar seu próprio capital, você pode concluir que os acordos de Basel são uma falácia completa.

Pontos importantes

1. Não se preocupe se sua regulamentação local de bancos e dinheiro é ineficaz. Também é completamente ineficaz em nível global.
2. Isso porque os 1% e os bancos capturaram os reguladores em todos os lugares.
3. Em termos de recessões/depressões/desastres econômicos, não há nada entre você e a mesma variação extrema nos ciclos econômicos que sempre prejudicaram as pessoas no passado. Nada. Não espere

que exista algum regulador em algum lugar pensando em seus melhores interesses.
4. Houve 18 recessões nos últimos 100 anos. Sob o sistema bancário de reservas fracionais controlado pelos 1%, eventos como a crise financeira de 2008 e suas conseqüências sempre ocorrerão, em vários graus.
5. O Banco de Pagamentos Internacionais habilita os 1%, globalmente. Seu principal papel é proteger os interesses dos 1%.

# 9
# QUEM NOS PROTEGERÁ CONTRA CRISES ECONÔMICAS FUTURAS?

Para responder a essa pergunta, é melhor analisar se aprendemos com a causa das crises passadas. Aqueles que habilitam os 1%, os banqueiros centrais e os economistas: eles entendem o passado para proteger a sociedade de futuras recessões? OK, você se lembra do gráfico de recessão nos últimos 100 anos, então provavelmente você pode adivinhar a resposta. Mas vamos entrar na opinião dos economistas tradicionais brevemente.

Economistas tradicionais.

Economistas recebem vários rótulos diferentes. No entanto, a maioria compartilha as mesmas coisas em comum, como acreditar que os bancos são simplesmente intermediários financeiros, excluindo principalmente a função bancária de seus modelos econômicos e nunca tendo trabalhado em um banco. Quase nenhum desses economistas convencionais admitirá que os bancos comerciais criam a grande maioria do dinheiro em uma economia.

Todos esses economistas têm uma visão forte sobre a importância da política monetária. Como um aparte, se você às vezes não consegue lembrar o que significa política monetária, apenas tenha em mente M de Mágica. É aqui que um politburo governamental de economistas de elite define o preço do dinheiro em nossa economia de livre mercado, com base em previsões de sua bola de cristal.

Quase todos os economistas convencionais são seguidores de J. M. Keynes, um economista britânico.[67] Em geral, a economia keynesiana é simples de entender: ela propõe que o governo é a solução. Adivinha quem gosta mais da economia keynesiana?

---

[67] Na verdade, ele não era economista; ele tinha um diploma de graduação em matemática, mas fez um curso de economia na universidade. Então, ele era um burocrata e membro do estabelecimento. Ele escreveu livros de economia baseados na experiência do mundo real que ganhou como funcionário do governo.

Quando o castelo de cartas invertido que é o sistema bancário de reservas fracionárias entrasse em colapso (como faz regularmente), Keynes sugeriu que o governo interviesse na economia. O que acontece quando os bancos criam dinheiro que é então usado para financiar compras de ativos que (quando os preços dos ativos se redefinem para um nível mais natural) explodem, destruindo o dinheiro criado? Bem, para o keynesiano, isso é um problema ~~da natureza intrinsecamente arriscada da reserva fracionária bancária ganância dos 1%~~ demanda agregada. Então, como uma justificativa intelectual, o governo deveria intervir e resgatar os bancos (que, é claro, são apenas atores úteis na economia) ... e, portanto, os 1%, e gastar mais dinheiro dos contribuintes com o aumento da demanda. Isso corrige tudo.

Aqui está um exemplo de um economista desse tipo, Jeffrey Sachs, que foi professor em Harvard e Columbia e escreveu um livro acadêmico sobre macroeconomia.

Isto é o que ele tinha a dizer em relação às causas da Grande Depressão, em crítica às obras de F. A. Hayek.

*"Hayek estava errado ao pensar nas profundezas catastróficas da Grande Depressão dos anos 1930 que tudo o que estava acontecendo era um desenrolar do mal-investimento que tinha vindo de uma explosão de crédito. Claramente, houve um colapso calamitoso do setor bancário, que nada teve a ver com o chamado mal-investimento anterior."*[68]

Quero dizer, você só quer rir disso, já que parece uma piada pensar que o colapso do setor bancário não teve "nada a ver" com o mal-investimento inicial dos bancos em empréstimos de ativos, como contra valores de ações. Você quer rir até perceber que quase todos os economistas convencionais pensam a mesma coisa. Você pode obter uma citação de quase todos os nomes conhecidos em economia, onde eles tomam a mesma posição.

Quase todos eles também têm a mesma opinião em relação à crise financeira de 2008: o mal-investimento em empréstimos de ativos, como os

---

[68] British Broadcasting Corporation, Masters of Money, Parte 2, publicado em 29 de agosto de 2016, a partir do minuto 23:36.

valores imobiliários, não teve nada a ver com o quase colapso do setor bancário. Os bancos são apenas intermediários financeiros úteis. Eles não criam dinheiro. Nenhum impacto há nos bancos quando esse "dinheiro" é destruído por déficits de empréstimos (seus ativos). Talvez na Terra da Fantasia.

Assim, com economistas como este, encarregados dos bancos centrais, escrevendo livros didáticos e ensinando as mentes mais brilhantes da próxima geração de economistas, não precisamos nos preocupar com qualquer repetição de falhas econômicas passadas. Claramente, aprendemos todas as lições necessárias com relação aos perigos do sistema bancário de reserva fracionária.

Pontos importantes

1. Muitos economistas convencionais, em geral, sabem menos sobre o núcleo do sistema bancário do que você, neste ponto do livro.
2. Aqueles que realmente entendem que os bancos criam dinheiro raramente se manifestam.
3. Esses economistas, que lideram os bancos centrais, não entendem a profundidade do papel dos bancos em investir na economia, particularmente o efeito prejudicial do empréstimo de ativos.
4. A resposta para a questão do capítulo é: ninguém.

# 10
# ALIENS AVALIAM NOSSO DINHEIRO

Os alienígenas nos vendendo a cura para o câncer têm uma decisão a tomar: o que eles recebem em troca? Depende de onde eles querem gastar o que recebem em troca.

Se eles querem levar para casa, todo o nosso "dinheiro" é inútil para eles; o dinheiro não tem valor intrínseco, exceto pelo fato de lhe dar poder de compra. De volta para casa, ninguém aceita dólares americanos, ouro ou bitcoin. Então, se eles querem levar algo para casa, eles só precisam propor algo que temos. Nada no mundo tem um preço único; *todos os preços são apenas uma relação de dois valores*. Imaginemos que eles se apaixonam pela estátua La Pietà de Michelangelo. Então, o preço da troca é droga contra o câncer : La Pietà. Isso é barganha. Às vezes simples é melhor.

Agora, no entanto, suponha que eles talvez queiram comprar um monte de coisas aqui na Terra, então eles querem vender o remédio contra o câncer por dinheiro, que eles podem gastar aqui. Nós damos a eles três opções: dólares americanos, ouro ou bitcoin. Eles investigam e depois nos dão as respostas abaixo.

Dólares americanos.

OK, então esta é a moeda de reserva do seu mundo. Tem um mecanismo embutido onde perde um pouco de poder de compra todos os dias, chamado inflação. Índice de roubo é um nome melhor. Por isso, incentiva as pessoas a gastar seu dinheiro, em vez de economizá-lo, o que é ruim para a sua civilização, especialmente os mais pobres entre vocês (embora percebamos que você não dá contas bancárias a pessoas pobres para que eles economizem. E, por que seus bancos deveriam fazer isso, afinal? Não é como se eles recebessem algum benefício da sociedade, então por que eles deveriam dar benefícios?). O sistema também é fundamentalmente desonesto: vocês todos fingem ter dinheiro em segurança no banco e ainda assim não é o seu dinheiro e não pode estar no banco e, ao mesmo tempo, emprestado pelo banco. E por que o mundo o usa como moeda de reserva se, no entanto, está inteiramente ligado ao desempenho de apenas uma economia e sob o controle de seu governo (para uma minoria da criação de dinheiro) e seus bancos (para a maioria da criação de dinheiro)? Os alienígenas concluem que os dólares americanos são uma reserva de valor precária e que nosso sistema bancário é desonesto e intrinsecamente tendencioso contra grupos externos, o que eles consideram imorais. Então, eles não querem esse tipo de dinheiro.

Ouro.

Em seguida, eles consideram ouro. OK, agora entendemos por que você tem uma civilização avançada e ainda usa pedaços de metal como símbolos de valor. É por isso que você desperdiça seu tempo com os custos da mineração: seu sistema bancário tradicional e seu dinheiro são tão perigosos e desonestos que você é levado a buscar essa alternativa. O ouro tem uma oferta de crescimento lento e, portanto, é superior ao dólar americano, como reserva de valor, uma vez que os dólares são criados sem limite. Eles pedem para ver quem aceita ouro como pagamento. Bem, quase ninguém o faz. Então, eles não querem esse tipo de dinheiro também.

Bitcoin.

Em seguida, eles consideram bitcoin. Agora estamos falando a mesma língua: é altamente seguro, baseado em fórmulas matemáticas, por isso não pode ser copiado e você não precisa apenas confiar nos seres humanos para fazer a coisa certa toda vez que usá-los. Você pode trocá-lo diretamente entre as pessoas, como enviar informações, sem passar por uma mesa telefônica central. Transferências custam uma pequena fração do que custam em dólares e se dão quase instantaneamente, não em dias ou semanas. Tem uma oferta fixa, portanto, por definição, é uma reserva de valor superior a dólares ou ouro. Tal como acontece com o ouro, é por isso que milhões de pessoas se dão ao trabalho de assegurar a existência do sistema criptográfico: o seu sistema bancário e monetário é muito inferior em comparação. OK, eles se perguntam, mas por que esse sistema de criptografia, que parece muito mais alinhado com seus valores humanos de liberdade e justiça, não substituiu o sistema bancário e monetário administrado pelos 1%? Por que o bitcoin só funciona principalmente fora da sua economia real?

A decisão.

Os alienígenas refletem sobre as opções de dinheiro por um nanossegundo, depois pegam a estátua e vão para casa. Sem dúvida, eles sentem um pouco de pena de nós, da mesma forma que podemos sentir pena dos antigos romanos que estavam se envenenando lentamente com traços de chumbo em sua água potável diária, sem realmente saber o que estava afetando suas vidas.

Antes de partirem, os alienígenas nos deixam uma cópia do *Arquipélago de Gulag*, de Aleksandr Solzhenitsyn. A mensagem deste volume de livros, eles dizem, é que as sociedades de controle imorais não surgem apenas de um pequeno grupo de pessoas. Todos em uma sociedade contribuem para o mal-estar, em sua própria maneira, contando ou apoiando mentiras.

Pontos importantes

1. Quase tudo em nosso planeta está melhorando.
2. Exceto o sistema bancário.
3. Seria um pouco embaraçoso ter que explicar nosso dinheiro para alienígenas.

# 11
# O QUE OS 1% MAIS TEMEM

Cansado de não conseguir um acordo justo na vida? Não tem certeza por que os bancos e os 1% conseguem usar seu dinheiro para gerar retornos altos e você obtém baixos juros em suas economias? Cansado de lutar pelo seu grupo externo e chegar a lugar nenhum? Bem, eu tenho novidades para você: acostume-se a isso. Marchas, pressão sobre os políticos, ocupação de lugares, organização: tudo isso não consegue resolver a podridão subjacente de um sistema financeiro que é controlado pelos 1%. Você acha que o seu grupo externo algum dia obterá a mesma avaliação de crédito preferencial para acessar o dinheiro? Não em um sistema bancário de reservas fracionárias. Claro, eles vão jogar algumas migalhas de vez em quando. Haverá todos os sinais certos enviados através de marketing. Mas a maioria das pessoas nunca entra na guilda.

É claro, você também deve fazer todos as coisas básicas, como estudar e trabalhar duro, ser honesto, disciplinado e consciencioso, e não adotar uma mentalidade de vítima. Você deve ter sua própria casa em ordem. Eu não estou falando sobre o básico. Depois de fazer o básico, o que você pode se perguntar é: como as pessoas podem levar uma vida melhor em um mundo tão influenciado pelos 1%? Onde eles controlam o sistema bancário, podem imprimir dinheiro e são habilitados por instituições do sistema.

Aqui está o que os 1% mais temem: *que os 99% sejam educados.* Se você leu até aqui, você sabe o que os habilita: dinheiro e banco de reservas fracionárias. Eu acho que existem duas opções para reduzir o efeito maligno dos 1% e seus bancos e tornar o mundo um lugar melhor: reformar ou adotar o sistema de criptografia. Eu as defino, em resumo, abaixo.

## Impacto.

Pode-se citar numerosos exemplos do impacto negativo do sistema bancário atual na sociedade. Pequenas coisas como, é 2019 e metade da humanidade não tem acesso ao sistema financeiro ou que muitos bancos, onde os pobres têm acesso à serviços bancários, se aproveitam deles e os mantêm em permanente estado de dependência de dívida. Ou que os 1% capturam a grande maioria dos lucros bancários, enquanto usam o dinheiro dos depositantes para ajudar a gerar muitos desses lucros. Ou que milhares de pessoas perdem seus empregos, poupanças, casas, etc, a cada década, devido à excessiva variação causada pelo banco no ciclo econômico.

Vamos dar uma olhada em outro mistério: para onde as rendas de classe média e baixa foram nos últimos 70 anos?

Valor agregado dos setores financeiro e de seguros nos EUA (% do PIB) [69]

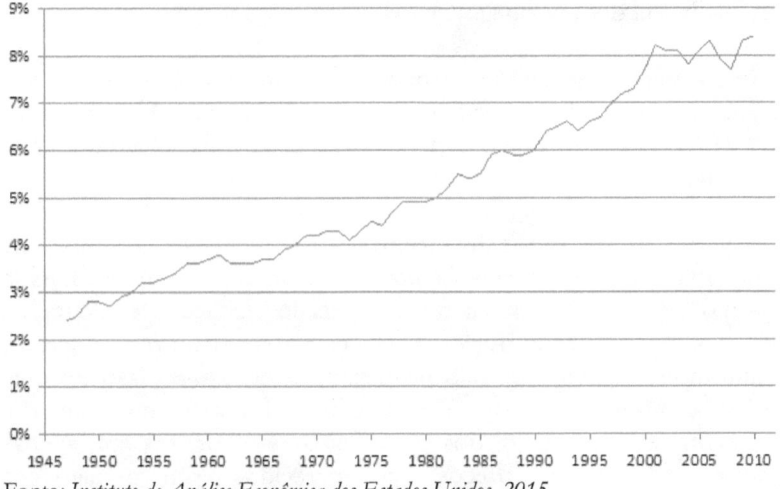

Fonte: *Instituto de Análise Econômica dos Estados Unidos, 2015*.

Este gráfico mostra que o papel desempenhado pelo setor financeiro na economia *quadruplicou* desde o final da Segunda Guerra Mundial. Certamente, o emprego no setor financeiro e os salários pagos ao setor financeiro aumentaram enormemente. Não há dúvida de que os acionistas do setor financeiro (como os 1%) recebem uma parcela substancial e cada vez maior do PIB do setor bancário.

---

[69] Você pode questionar a composição dos números, é claro. Por exemplo, os números incluem seguros e outras instituições financeiras que não criam dinheiro. O quadro geral é suficientemente convincente para sustentar a conclusão, na minha opinião.

Mas, "valor agregado"? Como é calculado o valor agregado? Bem, vários estudos sugerem que os números simplesmente refletem uma maior tomada de risco no setor, o que não agrega valor à economia. Outros estudos sugerem que o valor da intermediação financeira é significativamente superestimado nas contas nacionais.

Há outros cálculos importantes em falta nas contas nacionais, como: que o custo das explosões regulares na economia, causadas pelo setor financeiro e pelos 1%, não estão incluídos. O custo do seguro de depósito do governo também não é deduzido do "valor agregado" pelos bancos. (Na verdade, tecnicamente, isso talvez esteja certo, já que os bancos não pagam esse custo e esse seguro na realidade não existe, mas depende de como você quer ver a ilusão).

Por cerca de duas décadas após a Segunda Guerra Mundial, a porcentagem de lucros do setor financeiro em relação ao lucro total da economia foi de cerca de 1,5%. Nesta década, chegou a 15%.

Mas, espere um minuto, achei que os bancos fossem apenas intermediários úteis, canalizando o capital excedente para aqueles que precisam dele. Então, se este é o caso, por que o papel deles na economia seria tão grande e ainda crescendo?

Se você conhece os mercados financeiros, aqui está outro exemplo de porque a história que os 1% e seus facilitadores tentam nos contar é falsa: a maneira como os bancos negociam no mercado de ações é altamente sensível ao desempenho econômico. Assim como construtores, varejistas, estoques automotivos, etc. Eles não negociam na defensiva. Isso porque, como você sabe agora, os bancos são realmente empresas de investimento, substancialmente em benefício dos 1%. Se os bancos fossem apenas intermediários úteis, teriam preços mais parecidos com os serviços utilitários.

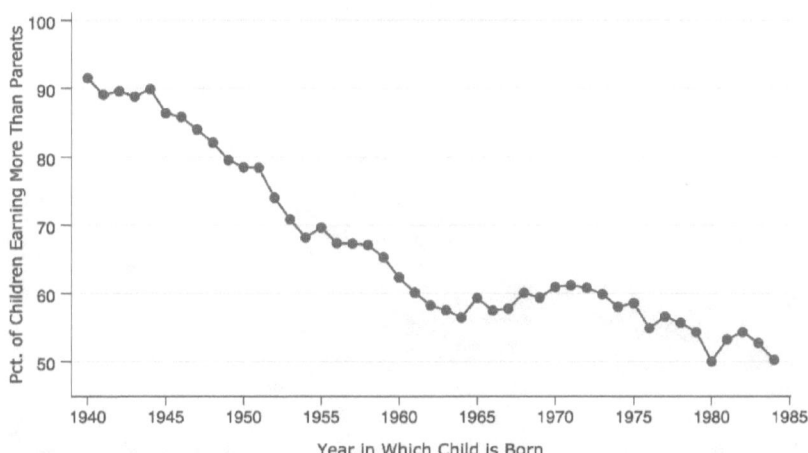

Fonte: *Centro de Estudos em Pobreza e Desigualdade de Stanford, 2016.*

O que este gráfico lhe diz?

Bem, ele indica que a renda das classes baixa e média vem caindo no mesmo período. É semelhante na maioria dos países desenvolvidos.

Há também muitos estudos que você pode achar que mostram um declínio no crescimento dos salários das classes média e baixa durante esse período.

Quando você sobrepõe os dois gráficos, você tem uma pista de para onde a renda das classes média e baixa foi nas últimas décadas. Passou (parcialmente) para o setor financeiro. Ela também foi para outras áreas, como a globalização (da qual os bancos e os 1% se beneficiam enormemente), mas uma grande parte do Sonho Americano foi tomada pelos bancos. Pelos 1%.

**Mudança cumulativa na renda capital anual real das famílias, por grupo de renda, 1979-2007**

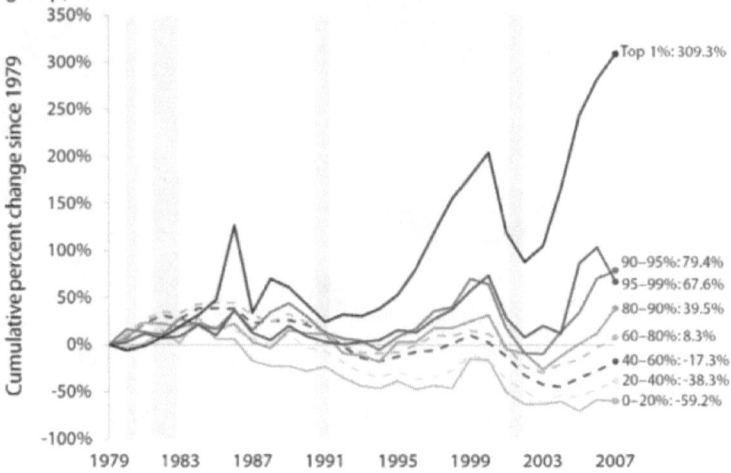

Fonte: *Instituto de Política Econômica, 2012.*

O que este gráfico lhe diz?

Bem, diz-lhe que os 1% estão a captar uma parte significativa e crescente da riqueza na economia, auxiliada pelo seu controle do setor bancário.

Você quer alguns exemplos dos 1%? Provavelmente, os dois principais membros dos 1%, que se beneficiam particularmente do sistema bancário, são Jamie Dimon e Warren Buffett.

Jamie Dimon é CEO do JP Morgan e seu segundo maior acionista individual.

Warren Buffet fez uma parte significativa de sua fortuna investindo no setor financeiro. A partir do mais recente relatório da Berkshire Hathaway, 7 de suas 10 maiores participações estavam em bancos ou relações/facilitadores.[70]

Ambos se beneficiam enormemente do fato de que o setor bancário tira um pouco de todo mundo para acumular uma enorme riqueza no topo.

Reforma.

---

[70] Participações no top 10: 2. Bank of America 3. Wells Fargo 6. American Express 7. US Bancorp 8. Moody's 9. Goldman Sachs 10. JP Morgan. Fonte: relatório SEC do 3º trimestre de 2018.

Há um livro de John Grisham chamado *A Firma*, onde o personagem principal é trabalhador e inteligente e se esforça para descobrir algo que lhe parece errado. Depois de fazer alguma pesquisa, ele percebeu que a empresa era de propriedade da máfia. Você é agora esse cara.

Talvez a proposta de reforma funcione, mas duvido. Os 1% e seu sistema bancário estão tão arraigados na sociedade que é difícil imaginar realmente mudar essa situação. Além disso, o sistema bancário de reservas fracionárias é tão falho que é difícil saber por onde começar a reforma. Certamente, reformas (principalmente cosméticas) foram implementadas ao longo dos anos, sem efeito sobre falhas no sistema econômico e nenhuma redução no poder dos 1% e nenhum impacto sobre a desigualdade. O sistema também se baseia em vieses humanos inatos que são simplesmente difíceis de remover. Além disso, tecnologicamente, o sistema bancário é um sistema de tipo analógico: não é adequado para o século XXI. Algumas partes são realmente obsoletas do ponto de vista técnico e simplesmente não podem ser atualizadas.

Certamente, algumas reformas importantes devem acontecer. Eu defini alguns deles abaixo.

1. Os bancos não devem ser autorizados a criar seu próprio dinheiro.
2. As utilizações de fundos para empréstimos a projetos de ativos devem ser reguladas.
3. Os bancos devem pagar pelo seguro de depósito do governo.
4. Seguro de depósito do governo deve ser realmente feito em seguro, não apenas imprimindo dinheiro.
5. Os políticos não devem receber contribuições de bancos.
6. etc. Sim, eu sei, "Duh".

Na minha opinião, a reforma não é a melhor maneira de gastar tempo e recursos, pelas razões expostas abaixo.

- A luta seria extremamente difícil, contra um adversário motivado com recursos significativos; o retorno do risco/recompensa não é atraente.
- A reforma é possível, mas sempre estaria no contexto de um modelo monetário e bancário global que é falho; é inerentemente desonesto e sua estrutura é baseada no arranjo de castelo de cartas invertido por sua própria natureza.
- Pode haver uma alternativa melhor.

O sistema de criptomoedas.

Antes de entrarmos no que é o sistema de criptomoedas, e antes de você surtar, vamos ver o que ele não é.

Não é para traficantes de drogas.

Nos primórdios da internet, muitas pessoas tinham parentes mais velhos que ouviam com desaprovação falar sobre "aquela coisa da internet" e declararam que a internet era principalmente sobre pornografia e que as únicas pessoas que a usariam seriam pervertidos. Eu presumo que você use a internet de vez em quando e que você não se considera um pervertido.

A mesma mentalidade é se aplica hoje no sistema de criptomoedas. Se você quer comprar drogas, é muito melhor fazer isso com dinheiro que é anônimo, como dólares americanos em dinheiro vivo. O mesmo acontece com lavagem de dinheiro: o sistema de criptografia baseia-se num livro de registos imutável e numa transparência radical. Sim, as contas são confidenciais, assim como sua conta bancária, mas os usuários podem ser identificados por tecnologia e inferência. Se você fosse um criminoso e conhecesse a tecnologia e fosse inteligente, nunca usaria o sistema de criptografia para drogas ou para lavar dinheiro.

Não é uma fraude ou um golpe.

Jamie Dimon e Warren Buffett irão lhe dizer, com uma cara séria, que o sistema de criptomoedas se baseia na emissão de dinheiro que não tem valor intrínseco. Agora você sabe a verdade sobre como os bancos operam, para que você não seja enganado por eles. Você também deve saber que o sistema de criptografia é uma *ameaça existencial* ao sistema bancário de reservas fracionárias.

Então, perguntando a esses dois caras o que eles acham do sistema de criptomoedas é como perguntar a um taxista o que ele pensa sobre o Uber. O fato é que o núcleo do sistema bancário é baseado em uma mentira e engano, o que habilita os 1%. Você decide se este sistema pode ser chamado de "fraude" ou "golpe".

Não é complicado entender.

O sistema bancário é muito mais complicado. Tão complicado, na verdade, que leva um pouquinho do nosso dinheiro todos os dias sem que realmente percebamos. Tão complicado que nos impede de viver uma vida plena, contribui para a desigualdade e submete todos nós ocasionalmente a riscos econômicos perigosos.

Aqui está o que é.

Em 2009, Satoshi Nakamoto criou um sistema de dinheiro que corresponde a como a humanidade trocou valor durante a maior parte de nossa história. Tecnologicamente, este sistema é baseado em fórmulas matemáticas e um sistema de verificação e registro direto. As implicações são espetaculares: agora você pode confiar em trocar valor com outra pessoa ou instituição diretamente, globalmente, mesmo que você não as conheça.

O sistema de criptomoedas é profundamente natural, uma invenção muito humana, baseada nos conceitos de *liberdade* e *justiça*. É a forma mais autêntica de dinheiro que a sociedade teve desde que indicações de valor eram parte de nossa memória.

É caracterizado como descrito abaixo.

- Baseado apenas no dinheiro VP (ou seja, o valor que existe hoje, não vinculado a nenhuma criação de valor futura requerida).
- Permite que o valor seja trocado diretamente entre duas partes sem qualquer intermediário, quase instantaneamente e a um custo extremamente baixo.

Uma descrição melhor do que o termo moedas criptográficas é *dinheiro honesto*. Este sistema monetário é mais do que apenas trocar valor; é também sobre nossos valores.

O sistema criptográfico é a alternativa digital para a tecnologia analógica dos serviços bancários e do papel moeda. O potencial, a combinação de valor e valores, que este novo (na verdade, antigo) sistema realmente oferece para a humanidade é difícil de sobrestimar.

A tabela abaixo resume a diferença entre o sistema bancário de reservas fracionárias e o sistema de criptomoedas.

| Função | Sistema Bancário Tradicional | Sistema Criptográfico |
|---|---|---|
| Captura de Valor | Acionistas do Banco, gerência sênior | Possuída por todos os participantes |
| Habilidade de criar dinheiro | Sim, ilimitada | Não, oferta fixa |
| Moedas como padrão de valor | Pobre, muitas moedas, todas ligadas a estados-nação | Pobre, global (bom), mas falta de profundidade, falta de ligação com a economia real |
| Moedas como reserva de valor | Armazenamento de valor ruim (oferta ilimitada) | Boa reserva de valor (oferta fixa) Será aprimorado pela profundidade |
| Sistema de Pagamento | Liquidação lenta e cara, ponto de venda rápido, ineficiente | Tempo de transação muito mais lento que o tradicional, direto entre usuários, baixas taxas de transação, rápida liquidação |
| Propriedade de fundos depositados | Possuída pelo banco | Detida e controlada apenas por usuários |
| Lucro impulsionado pela incompatibilidade de depósito/empréstimo | Sim | Não |
| Autoridade | Governo do estado-nação | Comunidade global, Autônoma |
| Confiança | Corpo único e centralizado: banco (incluindo seus servidores, funcionários) | Baseada em provas matemáticas; Aberta, verificação da comunidade |
| Estrutura Organizacional | Altamente centralizado | Distribuída, baseada na comunidade |
| Conexão com a economia real | Alta; conexões fortes | Quase inexistente |

O sistema de criptomoedas ameaça as moedas de estado nacionais, bem como o sistema bancário de reservas fracionárias e os 1%. É *incompatível* com o sistema bancário de reservas fracionárias. O sistema de criptografia é baseado em um registro transparente e verdadeiro, capturado para sempre em um livro de registro gigante e alicerçado no valor que existe hoje.

O sistema bancário de reservas fracionárias é intrinsecamente desonesto: os banqueiros lhe dirão que seu dinheiro está seguro no banco e, ao mesmo tempo, estão emprestando para outros. Eles lhe dirão que é o seu dinheiro enquanto, legalmente, ele pertence ao banco e eles podem fazer o que quiserem com ele. E eles mantêm a maior parte dos lucros bancários, obtido com o seu dinheiro.

O sistema de criptomoedas tira o poder de criação de dinheiro das mãos dos intermediários, os 1% e seu sistema bancário. *Sem o poder de criar dinheiro e controlar quem consegue usá-lo e em que termos, a influência por trás do 1% diminuirá.* A influência podre relacionada ao dinheiro e sua preservação do atual sistema dominado pelos 1% diminuirá. A preferência institucionalizada por grupos internos que é intrínseca ao sistema bancário atual só pode ser removida se você remover as instituições: os intermediários. Os vastos lucros capturados por esses intermediários são amplamente injustificados pelo risco de seus negócios principais, se feitos em uma base combinada de empréstimo e depósito; o sistema de criptomoedas elimina principalmente a necessidade dos intermediários, permitindo que os lucros fluam para seus legítimos proprietários, os depositantes.

Isso resultará em um compartilhamento significativamente maior da riqueza criada por oportunidades produtivas na economia; *os 99% ficarão em situação econômica muito melhor com este modelo.* A criptografia é o dinheiro para os 99%.

Se você quiser tornar o mundo um lugar melhor, você precisa começar com o dinheiro: como ele é criado e alocado na sociedade. Apenas o sistema de criptografiamoedas tem a capacidade de tirar o poder de criação de dinheiro dos 1% e do seu sistema bancário. Apenas o sistema criptográfico pode levar a um maior ganho de riqueza pelos 99% e redução da desigualdade na sociedade.

Apenas um desses dois sistemas pode sobreviver. Eles não podem coexistir a longo prazo.

## O que exatamente são criptomoedas?

Criptomoedas são dinheiro, assim como dólares americanos ou ouro, e são fáceis de entender. Elas diferem dos dólares americanos nos seguintes aspectos:

- Não podem ser censuradas por um banco ou governo; ninguém

pode acessar sua conta, exceto você. Você detém a senha de sua conta de criptomoedas (chamada de chave privada, que é apenas uma senha comprida).
- São uma rede direta, para que você possa enviar dinheiro para quem você quiser. Você mesmo faz a transferência, como o envio de um e-mail. Acontece quase instantaneamente e não custa quase nada; é como enviar informações. Com o sistema bancário, você tem que pedir ao seu banco para enviar o dinheiro e custa, relativamente, muito caro, levando vários dias para ser processado. Com o setor de pagamentos (cartões de crédito), tecnicamente você concede ao comerciante permissão para retirar dinheiro de sua conta; isso envolve cerca de 20 atores na cadeia e é dispendioso e muito inseguro. As criptomoedas utilizam um sistema de *push*, o qual envolve apenas você e o destinatário, não custa quase nada e é extremamente seguro.

## O que é a blockchain?

Blockchain também é simples de entender: é apenas a arquitetura que sustenta as criptomoedas e fornece funções de segurança e administração.

*Administração*: todas as transações são registradas em um livro contábil gigante e transparente, para que todos possam ver (os nomes e valores das contas são confidenciais, é claro).

*Segurança*: a blockchain usa fórmulas matemáticas e um processo de verificação direto para garantir que todas as transações sejam válidas (por exemplo, elimina fraudes, você não pode enviar o mesmo dinheiro para várias pessoas, etc.).

Como analogia: o sistema bancário tradicional, os bancos centrais, as redes de pagamento, etc., constituem a arquitetura sobre a qual o dinheiro de estado de cada nação (fiduciário) flui.

As redes de criptomoedas são muito mais eficientes tecnologicamente. É como comparar um smartphone a um antiquado sistema telefônico de linha fixa mediado por centrais telefônicas.

É verdade que algumas blockchains usam um pouco de eletricidade (embora grande parte seja renovável e não seria melhor empregada em outro setor); não é magicamente grátis. Para fazer uma comparação com o sistema tradicional, imagine somar os custos, globalmente, de quanto os bancos gastam em administração e segurança? Seria uma quantia enorme; a despesa das criptomoedas equivale a uma pequena fração desses custos. Outras blockchains usam muito pouca eletricidade. À medida que a indústria amadurece e a tecnologia evolui, espera-se que esses custos caiam.

Você pode entrar na programação e nos detalhes matemáticos de como funciona a arquitetura blockchain, assim como você pode aprender exatamente como o seu carro funciona ou como a internet funciona. Mas não é necessário saber isso para usar as criptomoedas (ou seu carro ou a internet).

O que fará com que o sistema de criptomoedas seja mais amplamente adotado?

O maior problema enfrentado pelo sistema de criptografia é sua falta de conexão com a economia real; causada em parte pela oposição dos 1% e do sistema bancário. Um elo para bens e serviços, seja na forma de compras ou como uso de excesso de capital (poupança), é a principal peça que falta no sistema de criptomoedas. Isso vem do fato de que ainda não existe um sistema bancário criptográfico. Isto é ilustrado sob a forma de um quebra-cabeça, abaixo.

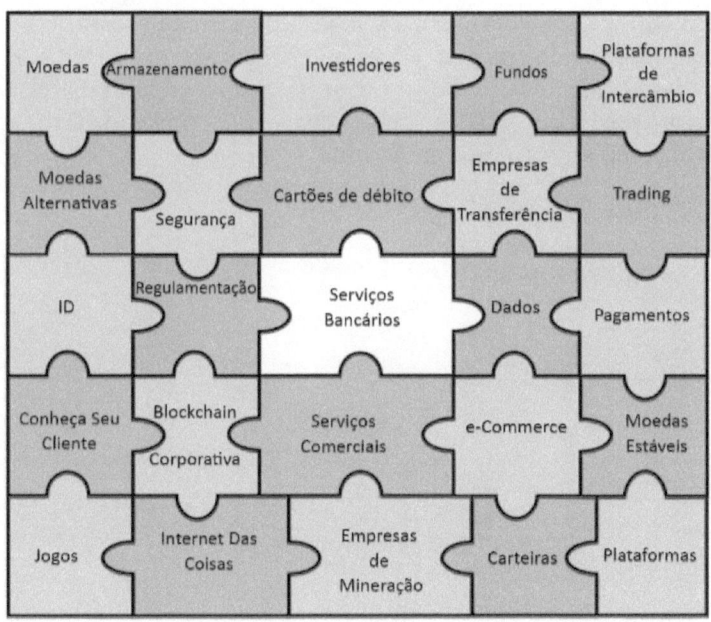

Obviamente, uma conexão com a economia real é fundamental para qualquer sistema financeiro e esse é o principal obstáculo freando toda a indústria de criptografia.

Por sistema bancário, quero dizer que os detentores de criptomoedas precisam ter a opção de vincular suas economias, uma reserva de seu valor, a oportunidades produtivas na economia real. Quando esse problema for resolvido, isso estimulará significativamente a adoção de criptomoedas. O verdadeiro banco criptográfico será a Netflix de todo o espaço criptográfico. Isso impulsionará o valor futuro das criptomoedas e de muitas empresas desse ramo já existentes.

Pontos importantes

1. Os 1% são vampiros. Eles e o seu sistema bancário vivem da sua ignorância e falta de alternativas.
2. A crescente captação de maiores quantidades do PIB pelo setor financeiro (e pelos 1%) está correlacionada com o declínio das rendas das classes média e baixa.
3. Uma opção para desafiar os 1% é tentar reformar o sistema bancário. No entanto, ainda seria necessário aceitar que o modelo subjacente ao sistema bancário de reservas fracionárias é falho e desonesto.
4. A outra opção é adotar progressivamente o sistema de criptomoedas. Esta é uma ameaça existencial para os 1% e seu sistema bancário.
5. O maior impedimento para a adoção generalizada do sistema de criptomoedas é a falta de um modelo bancário para a criptografia. Essa é uma das principais razões pelas quais as criptomoedas são precificadas como ativos, e não como moedas.

# 12
# O SISTEMA FINANCEIRO E SUA VIDA SEXUAL

O fracasso da Stripe em fornecer serviços para a OMGYes, um site que fornece educação em relação ao prazer sexual das mulheres, ilustra um dos problemas do sistema bancário controlado pelos 1%: eles controlam sua liberdade de tomar decisões na vida, mesmo de pequenas formas. Também mostra a diferença entre fintech e criptografia. Fintech é a versão legal e ligeiramente hippie do sistema financeiro tradicional. Mas... ainda é o sistema financeiro tradicional.

Os irmãos Collison, de Limerick, na Irlanda, que criaram o Stripe, parecem personificar fintech: bilionários incrivelmente inteligentes, disruptivos e bem-intencionados. Apesar de pessoalmente quererem financiar OMGYes, o sistema financeiro tradicional que controla Stripe disse que não. O sistema de criptomoedas é fundamentalmente diferente: não há intermediários para dizer o que você pode fazer com seu dinheiro (desde que seja legal, é claro). Nenhum governo, nenhum banco. A decisão cabe a você. Os pagamentos vão de você para o destinatário.

Os economistas usam o termo "repugnância" para descrever atividades que têm um elemento moral para eles. Muitos bancos e intermediários financeiros não permitem que seus clientes façam compras que considerem repugnantes, mesmo que sejam legais. Um bom exemplo é fornecido pela empresa de fintech, Stripe, que facilita os pagamentos.

Aqui está um trecho do site deles:

*"Por que não podemos trabalhar com algumas empresas?*

*Nos bastidores, trabalhamos de perto com redes de pagamento (como Visa e Mastercard) e parceiros bancários em mais de duas dúzias de países. Cada instituição possui normas legais estritas que as regem e regras específicas sobre os tipos de negócios com os quais trabalham ou não. "[71]*

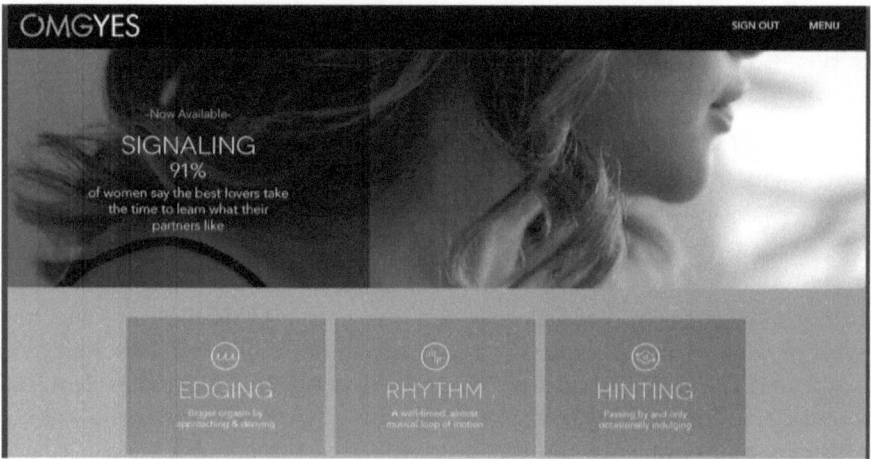

Um desses negócios para os quais eles se recusaram a fornecer serviços financeiros é o OMGYes. Aqui está o que Stripe teve a dizer sobre por que eles se recusaram a fornecer serviços para a OMGYes:

*"O negócio se aproximou de nós e estávamos ansiosos para trabalhar com eles, mas depois de um mês de deliberações, nossos parceiros financeiros não concordaram. Em vez disso, como o site tem tutoriais explícitos, ele ainda está sob a égide de empresas não suportáveis. Embora não tenhamos conseguido persuadir nossos parceiros financeiros dessa vez, continuaremos a analisar e defender de forma holística empresas que vendem produtos e serviços para adultos."*

---

[71] Danika Lyon, Relações com a Indústria, Stripe Inc. "Por que algumas empresas não são permitidas." 12 de agosto de 2016. Como extraído de: Blog de economia da Al Roth, guest post de Stephanie Hurder. 28 de agosto de 2018.

Por um lado, você poderia dizer: bem, eles queriam fazer a coisa certa. Por outro lado, você pode dizer: bem, o resultado final é que eles não fizeram o que achavam ser a coisa certa. O sistema financeiro tradicional simplesmente não permite isso. Você também pode dizer: se é meu dinheiro e é legal, por que algumas empresas de serviços financeiros decidem por mim o que é moralmente aceitável ou não?

Usar termos como "holisticamente" e "defender os negócios" não muda o fato de que eles disseram **OMGNo** para **OMGYes**.[72]

Finalmente, aqui está o que Stripe diz,

*"Como resultado, a decisão de apoiar um negócio não depende apenas do Stripe; envolve as várias empresas financeiras na cadeia de processamento de cartões de crédito."*

Você quer saber qual é a diferença entre o sistema bancário tradicional, incluindo empresas "fintech" como Stripe, e o sistema de criptomoedas? Bem, aqui está:

*No sistema de criptomoedas, a decisão de apoiar um negócio depende exclusivamente de você.*

É o seu dinheiro e é o seu juízo de valor moral.

No futuro, as pessoas decidirão o que é moralmente repugnante para elas e o que não é. Cada vez mais, elas decidirão que os 1% e seus bancos é que são repugnantes.

Pontos importantes

1. Nosso atual sistema bancário não foi criado com as idéias de liberdade ou justiça em mente. Foi projetado para controle.
2. O sistema bancário de reservas fracionárias é ruim para sua vida sexual.

---

[72] É claro que, mesmo que isso não altere o resultado final ou o fato de que ele contribui para permitir que o sistema financeiro tradicional defina moralidade para você (eu sei, que piada), pelo menos Stripe deve ter algum crédito por ser aberto e honesto sobre o processo de decisão. Você não encontrará muitos artigos como esse em sites de bancos que dizem: bem, gostaríamos de ter prestado serviços a esse cliente, mas, como você sabe, o sistema financeiro tradicional acha repugnante a educação sobre o prazer sexual das mulheres. Enquanto isso, confira nossos serviços financeiros para empresas de mineração em África, aqui...

# 13
# KARL MARX E OS 1%

Karl Marx sabia mais sobre os 1% e o sistema bancário do que a grande maioria das pessoas. Certamente, ele tinha algumas ideias mais profundas do que a maioria dos economistas modernos. É possível que seu conhecimento de reservas bancárias fracionárias e dinheiro tenha sido a faísca que o levou, como um jovem idealista, a concluir que o sistema capitalista era injusto?
Em retrospecto, podemos ver criticamente os escritos de Marx e a experiência comunista, através de uma lente histórica. Os resultados não são tão bons: talvez mais de 100 milhões de pessoas morreram, as aspirações de gerações foram destruídas, quase todos em suas sociedades se transformaram em mentirosos e informantes do governo. Talvez os discípulos de Marx, aproveitando a eternidade juntos no Inferno, possam estar refletindo sobre isso, de fato, eles perderam mais do que apenas suas correntes.
E ainda assim ... as pessoas ainda lêem suas obras! Esta tabela mostra os livros mais frequentemente ensinados por economistas notáveis, em universidades americanas (compiladas pelo MarketWatch).

| Autor | Trabalho mais freqüentemente ensinado | Contagem | Pontuação de ensino |
|---|---|---|---|
| Karl Marx | O Manifesto Comunista | 3189 | 99.7 |
| Adam Smith | Riqueza das nações. | 1587 | 95.5 |
| Paul Krugman | Economia | 1081 | 89.4 |
| Gregory N. Mankiw | Macroeconomia | 989 | 87.5 |
| Thomas L Friedman | O Lexus e a Oliveira | 733 | 77.8 |
| Milton Friedman | Capitalismo e Liberdade | 556 | 65.7 |
| Joseph Stiglitz | Economia | 528 | 62.8 |
| John Maynard Keynes | Teoria Geral do Emprego | 348 | 44.2 |
| Malcolm Gladwell | O Ponto De Inflexão: Como Pequenas Coisas Podem Fazer Uma Grande Diferença | 225 | 28.7 |
| John Kenneth Galbraith | A sociedade afluente | 177 | 22.5 |
| Michael Lewis | Moneyball A Arte De Ganhar Um Jogo Injusto | 50 | 6.4 |
| Ben Bernanke | Efeitos Não-Monetários da Crise Financeira na Propagação da Grande Depressão | 40 | 5.1 |
| Janet Yellen | Modelos Salariais de Eficiência do Desemprego | 31 | 3.9 |
| Nouriel Roubini | Economia De Crise: Um Curso Intensivo No Futuro Das Finanças | 16 | 2 |
| Alan Greenspan | A Era Da Turbulência: Aventuras Em Um Novo Mundo | 16 | 2 |

Fonte: Open Syllabus Project / MarketWatch analysis

Os únicos dois livros globais designados com mais frequência do que *O Manifesto Comunista* foram um guia de estilo de escrita e *a República de Platão* (nota: lista exclui livros como a Bíblia, Constituição dos EUA, etc.). Quase todos os intelectuais franceses têm simpatias comunistas, assim como muitos economistas tradicionais no Reino Unido. *Capital no século XXI*, de Thomas Piketty (uma peça sobre o texto do livro de Marx, *Capital*), vendeu mais de um milhão de cópias e estava na lista de best-sellers do NY Times. Paul Krugman chamou-o de "o livro de economia mais importante do ano, e talvez da década". Sua idéia principal é que ... a desigualdade é uma parte inerente do capitalismo e só pode ser revertida através do intervencionismo estatal. Se isso parece *déjà vu* para você, como em: já li algo assim, as pessoas já tentaram isso, não funcionou muito bem ... você pode ser perdoado.

Krugman, Piketty e outros economistas de esquerda devem certamente estar certos de que a desigualdade de renda está aumentando nos EUA e na Europa. Existem várias maneiras de medir isso, e meu ponto de vista é que os dados de Piketty, os quais ele rotula de *r* e *g*, simplesmente não são muito úteis. Há muitos erros que entram nessas duas variáveis e ele ignora a criação de riqueza quase completamente (o que é, em parte, o acesso ao dinheiro e ao sistema bancário e um dos segredos para o sucesso dos 1%). Mas, a tendência está claramente no sentido de aumentar a concentração de riqueza entre os 1%. No entanto, *deve-se ser questionado se isso é culpa do "capitalismo"*. O que não pode ser questionado é quão absurdas são as conclusões da maioria dos "simpatizantes comunistas": mais poder para o Estado e maior imposto. Primeiro, até em francês existem livros de história sobre o fracasso da economia comunista na Rússia e na China. Segundo, mais importante, agora que você sabe sobre a guilda dos bancos, aqui está uma regra prática quando se considera soluções para a desigualdade: mais intervenção estatal = mais poder para os 1%. Terceiro, que tal ser um pouco mais inovador do que apenas falar sobre mais ou menos intervenção estatal, ou maior ou menor imposto? Essa discussão é um pouco ultrapassada. Você sabe, é o século XXI; que tal uma solução tecnológica?

O capitalismo é culpado pela desigualdade?

Em certo sentido, sim. É um mundo duro e, consequentemente, o mercado pode ser um lugar difícil. Mercados experimentam excessos. Como Theodore Roosevelt nos mostrou, há inquestionavelmente algum papel para o governo em proteger as pessoas contra os efeitos excessivos dos mercados.

Mais importante, precisamos definir nossos termos. Não é útil definir o capitalismo como "dinheiro"; isso não explica um sistema. Mais preciso é definir o capitalismo como o processo em que os preços são definidos pelo mecanismo de mercado. Nesse sentido, o capitalismo (baseado no mercado) é certamente um contribuinte para a desigualdade; isso apenas reflete nossa biologia.

No entanto, o desempenho em um mercado é um aspecto secundário da desigualdade. Mais importante é o acesso ao dinheiro e isso tem que vir primeiro em qualquer empreendimento; não surge naturalmente de um processo econômico. O acesso ao dinheiro e ao sistema bancário explica muito mais em relação à desigualdade na sociedade do que o efeito do capitalismo/mercados.

Obviamente, o acesso ao dinheiro e a operações bancárias em termos preferenciais não é condição suficiente para alguém ingressar ou permanecer nos 1%. A sociedade é relativamente dinâmica e a inteligência e conscienciosidade estão altamente correlacionadas com o sucesso. Da mesma forma, só porque você tinha riqueza em uma geração não é uma garantia de que durará para sempre. No entanto, uma razão significativa e obscura para a desigualdade na sociedade e a influência desproporcional dos 1% é a capacidade dos bancos de criar dinheiro e a capacidade dos 1% de acessar esse dinheiro. Esse processo de criação de dinheiro e o sistema que o habilita são uma importante fonte de poder para os 1%.

Sabendo o que você sabe agora, você perceberá *que a criação de dinheiro dos bancos não é de todo baseada no capitalismo competitivo e de livre mercado.* De fato, o sistema bancário é melhor comparado a uma guilda elitista que trabalha em benefício de grupos internos. Outros aspectos do sistema monetário, como o comitê governamental que define o preço do dinheiro para todos na sociedade, são mais parecidos com o comunismo puro do que com qualquer outra coisa. A desigualdade surge desses mecanismos.

## Por que esse ponto fraco por Marx?

Os sentimentos positivos que muitos acadêmicos das ciências sociais e da economia sentem em relação a Marx são um tanto difíceis de entender, superficialmente. Um bom número de suas teorias econômicas acabou sendo questionável. Keynes comentou que o marxismo foi baseado em um mal-entendido sobre a obra de Ricardo, o que é engraçado e insultuoso ao mesmo tempo. *O Capital* é mal estruturado e tem uma leitura difícil; eu suspeito que poucos economistas realmente o leram (o mesmo pode ser dito para a *Teoria Geral*, de Keynes). Parece bastante claro que a falta de sinais de preço de mercado no comunismo resultou em uma alocação ineficiente de recursos. Milhões morreram. A vida era uma merda. Por fim, Rússia, China, etc. cancelaram o experimento. É difícil justificar gostar de Marx e do comunismo apenas de uma posição intelectual ou moral.

Então, por que tantas pessoas inteligentes e decentes têm um fraco por Marx? Provavelmente há várias razões, mas acho que uma delas pode ser a sensação de que o sistema é tendencioso contra a pessoa comum. Que há algo inerentemente injusto em nosso modelo econômico. Uma voz dentro de você que diz que algo está causando um campo de jogo desigual.

Isso pode estar certo. Na minha opinião, o sistema bancário de reservas fracionárias é uma causa inerente de desigualdade em nossa sociedade. É algo quase intangível, difícil de ver claramente, uma malignidade, mas que se mantém principalmente ao plano de fundo. É o dinheiro para os 1%, uma importante fonte de sua influência.

Um problema para aqueles com um ponto fraco por Marx é o seguinte: o sistema bancário de reservas fracionárias não é realmente capitalista. Não funciona com base em mercados livres. Está estruturado mais como uma guilda.

O jovem Marx certamente parecia saber sobre os bancos e sua conexão com os 1%, talvez a partir do conhecimento adquirido de sua família rica e sogros. Em uma época difícil, sem dúvida, o que ele via parecia imoral e imutável: os 1% tinham acesso ao dinheiro "fictício" através do sistema bancário de uma maneira que aqueles que acabavam de vender seu trabalho não tinham. Enquanto a qualidade de vida para a maioria é muito melhor hoje, pode-se imaginar o impacto contínuo do sistema bancário de reservas fracionárias, que funciona sob o mesmo modelo de seus dias.

Aqui estão algumas indicações de que Marx enxergou além do engano do sistema bancário de reservas fracionárias.

*"A formação de um capital fictício é chamada de capitalização".* [73]
*"Com o desenvolvimento do capital portador de juros e do sistema de crédito, todo o capital parece duplicar-se e, às vezes, triplicar-se, pelos vários modos em que o mesmo capital, ou talvez a mesma reivindicação de uma dívida, aparece em diferentes formas. em diferentes mãos. A maior parte desse "capital monetário" é puramente fictícia. Todos os depósitos, com exceção do fundo de reserva, são meros créditos sobre o banqueiro, que, no entanto, nunca existem como depósitos. Na medida em que atuam nas transações da câmara de compensação, eles desempenham a função de capital para os banqueiros - depois que os últimos os emprestaram. Eles pagam uns aos outros suas letras de câmbio mútuas sobre os depósitos não existentes, equilibrando suas contas mútuas."* [74]
[Referindo-se a banqueiros e ao sistema bancário] *"Por toda a vasta extensão do sistema de crédito, e todo o crédito em geral, é explorado por eles como seu capital privado.*

---

[73] K. Marx, Capital: Uma Crítica da Economia Política, Moscou, Instituto do Marxismo-Leninismo, 1959, p.334.
[74] Marx, cit. op. p.337.

*Esses bolsistas sempre possuem capital e renda em dinheiro ou em créditos diretos em dinheiro. A acumulação da riqueza dessa classe pode ocorrer de forma completamente diferente do que a acumulação de fato, mas prova, de qualquer forma, que essa classe absorve boa parte da acumulação real".* [75]

## O sistema de criptomoedas é para capitalistas ou comunistas?

O sistema de criptomoedas não tem uma ideologia política. É simplesmente uma forma honesta de dinheiro.

Também elimina o intermediário bancário e permite que as pessoas troquem valor diretamente. Nesse sentido, envolve um juízo de valor político: com base no que você acredita, você quer apoiar o sistema bancário de reservas fracionárias ou não, se houver uma alternativa?

Alguns entusiastas afirmam que o sistema de criptomoedas significa *liberdade*. Bem, com certeza. Quem não quer isso?

É também sobre *justiça*. Uma grande parte da comunidade criptográfica fala sobre estar motivada a tornar o mundo um lugar melhor, um lugar onde a influência dos 1% e do seu sistema bancário é reduzida. Por exemplo, o Programa Mundial de Alimentos da ONU usa a tecnologia blockchain para fornecer identidade e distribuiu milhões de dólares em alimentos para dezenas de milhares de refugiados sírios na Jordânia desde maio de 2017. O principal benefício para o programa de alimentos até agora é "uma grande queda nos pagamentos para empresas de serviços financeiros", os intermediários habituais das transações. Essas taxas caíram "significativamente", de acordo com Houman Haddad, o executivo do PMA que liderou o projeto.[76]

## Crítica dos principais economistas.

O sistema de criptomoedas tem atraído críticas de alguns economistas tradicionais. Suas objeções e alguns comentários são apresentados abaixo.

1. *Não é uma boa reserva de valor.* Isso é verdadeiro e falso. As criptomoedas não têm uma conexão com a economia real no momento (principalmente porque os bancos e seus facilitadores se

---

[75] Marx, cit. op. p.344.
[76] Quartz, 3 November 2017.

opõem à criptografia como uma ameaça existencial para eles, em parte porque a criptografia ainda não desenvolveu muitos produtos essenciais). Assim, Então, é verdade que as criptomoedas têm um preço mais parecido com ativos do que com moedas no momento. Além disso, uma falta de profundidade de mercado e poucas opções de investimento para os investidores no espaço contribuem para a precificação incorreta. A longo prazo, se o sistema de criptografia desenvolver uma conexão com a economia real, as criptomoedas serão uma reserva de valor superior às moedas de estado das nações, porque elas têm um suprimento fixo.
2. *Nenhum uso intrínseco.* Isto é falso. As criptomoedas atendem claramente aos principais critérios para o dinheiro: são escassas e aceitas como tendo poder de compra. Um caso de uso principal é a troca de valor entre pares, que está em vigor hoje. Mais casos de uso surgirão quando o sistema de criptografia se ligar à economia real.
3. *Atrai fraudadores.* Isso é verdade. Talvez seja assim com todas as novas tecnologias, mas parece que é da nossa natureza humana ficarmos excessivamente entusiasmados com as oportunidades de progresso. Este foi certamente o caso de muitas invenções ao longo da história, das ferrovias à internet. Todos atraíram personagens desagradáveis que tentavam vender a um público crédulo esquemas improváveis. No entanto, não são viúvas e órfãos que podem ser enganados em criptografia. São pessoas com experiência suficiente para configurar e gerenciar uma carteira na blockchain. Honestamente, se você for inteligente o suficiente para fazer isso, não acho que haja necessidade de o governo agir como babá em relação aos seus investimentos em criptografia.
4. *Os tokens de utilidade são títulos disfarçados e não deveriam ter sido emitidos.* Isso provavelmente é verdade para a maioria das empresas.
5. *Muitas pessoas do meio criptográfico usam camisetas de gato*, chapéus de cowboy ou ambos, têm graus avançados nas ciências puras e parecem operar a 100 milhas por minuto. Isso é verdade. É um choque cultural com a elite economista.

Considerando todas as coisas, as críticas de pensadores economistas tradicionais (não os fanáticos, financiados pelos bancos) não mudam o caso positivo e fundamental do sistema de criptomoedas. Acredito que muitos economistas convencionais seriam mais favoráveis ao sistema de criptografia caso se dispusessem a entender seus fundamentos e as soluções que ele oferece para os problemas econômicos do mundo real.

Pontos Importantes

1. Os únicos remanescentes da ideologia comunista, onde o Estado fixa os preços, que persistem hoje podem ser encontrados na Coréia do Norte e na Reserva Federal (e outros bancos centrais ao redor do mundo que definem o preço do dinheiro em uma economia). Felizmente, parece que a Coréia do Norte pode estar mudando para melhor.
2. Os 1% e seu sistema bancário provavelmente tornam mais pessoas simpáticas ao comunismo do que a leitura de Karl Marx.
3. A melhor maneira de reduzir a desigualdade na sociedade não é o comunismo ou o capitalismo; será reformando ou substituindo o sistema bancário de reservas fracionárias.

## 14
## COMO OS 1% SUGAM SEU SANGUE TODA A VEZ QUE VOCÊ FAZ UM PAGAMENTO

Toda vez que você usa seu dinheiro, você paga essencialmente um imposto aos 1%. Vamos aprender por quê.

Entendendo push - pull.

O sistema de cartões de pagamento - serviço bancário existente é baseado na tecnologia *pull*, que é complexa, dispendiosa e propensa a fraudes. O encanamento necessário para pagamentos com cartão de crédito, combinado com o setor bancário tradicional, é ilustrado abaixo. Adicione mais 5-8 etapas para pagamentos transfronteiriços.

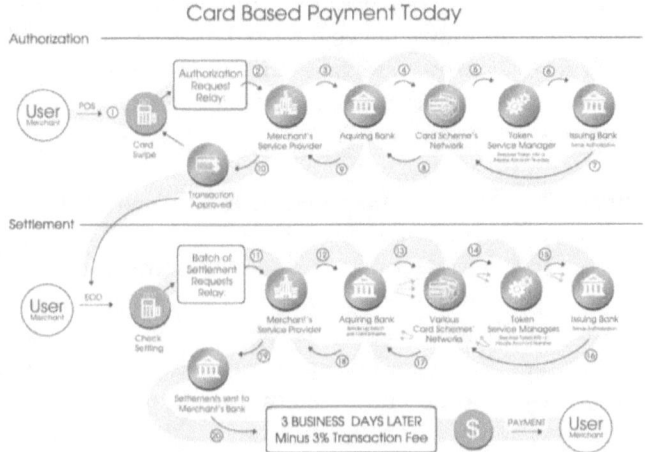

Se parece que foi remendado em um ataque de descaso baseado na tecnologia dos anos 70, é porque foi.

E qual alternativa você tem para usar seu cartão de crédito? Como a tributação, é essencialmente forçada a você; não há escolha. E os custos do sistema são muito altos, distribuídos entre todos os consumidores de uma sociedade.

Há duas coisas importantes a serem percebidas sobre a estrutura da indústria de processadores de cartão de crédito:

- tem um alto ponto de equilíbrio;
- e um grande número de participantes desinteressados e egoístas que lutam pelos lucros da indústria.

O principal impulso para mudar de cartões de crédito para um novo sistema de pagamentos virá dos *comerciantes*. O custo médio de processamento de cartão de crédito para uma empresa de varejo onde os cartões são aceitos é de aproximadamente 1,90% a 2,15% para as transações com Visa e Mastercard. O custo médio das transações não presenciais com cartão, como on-line, é de aproximadamente 2,30% - 2,50%.

Pior, longos tempos de reconciliação de transação têm um impacto negativo no capital de giro do comerciante. Com cartões de crédito, talvez você ache que pagou pelo café imediatamente, mas o dinheiro chega ao comerciante dias depois. O comerciante também corre o risco de estornos por um período de tempo posterior considerável: geralmente por até 90 - 120 dias corridos (com base em uma "Data de Negócio Central do Site"). Os custos de estornos para os comerciantes devem chegar a US $ 31 bilhões até 2020.[77] Em 2016, apenas 23% dos estornos estavam relacionados ao roubo de identidade. As chamadas "fraudes amigáveis" representaram 28% e as "fraudes de estorno" representaram outros 28%.[78]

Uma questão fundamental no setor de pagamentos é a segurança. Com o seu cartão de crédito, você não está fazendo um pagamento. O que você está fazendo é dar uma aprovação (com base no seu número de conta pessoal) ao comerciante para retirar dinheiro de sua conta. Como o comerciante é apenas o link final na cadeia de pagamentos, o sistema do comerciante precisa transmitir os detalhes da sua conta para todas as outras entidades no processo. Então, você, o cliente, efetivamente tem que confiar em todas as 20 partes dessa cadeia.

O maior custo dos processadores de pagamento é a segurança; eles gastam bilhões a cada ano tentando evitar fraudes. Pense que talvez você não tenha sido afetado? Em 2017, o Identity Theft Resource Center contabilizou 1.579 violações de dados nos Estados Unidos, um aumento de 45% em relação a 2016, afetando 178.955.069 registros.[79] Fraudes com cartão de crédito nos EUA ultrapassaram US $ 7 bilhões em 2017.[80] No Reino Unido, 4,7 milhões de pessoas relataram seu crédito cartão perdido ou roubado ou mal utilizado, com uma perda média por pessoa de £ 833 libras.[81] As instituições financeiras em todo o mundo deverão gastar US $ 9,2 bilhões até 2020 para evitar fraudes com cartões de crédito.[82]

O sistema de pagamento de criptomoedas funciona com base na tecnologia *push*. Isso é ilustrado abaixo.[83]

---

[77] Relatório Nilson, 2017.
[78] LexisNexis 2016 Estudo de custo real de fraude
[79] Nota: abrange apenas as violações de dados notificadas pelas empresas às autoridades. Dessas violações notificadas, 37% das notificações não quantificaram o número de registros - como números de CPF e dados de cartões de pagamento - que foram expostos.
[80] FT Partners Research e Statistica.
[81] Relatório encomendado pela Comparethemarket.com, nos últimos 12 meses até julho de 2018.
[82] Juniper Research, Fraude de Pagamento On-line: Principais Estratégias Verticais e Gerenciamento 2015-16.
[83] Você poderia adicionar alguma complexidade menor, como detalhes de carteira ou talvez Alice e Bob usem uma forma de banco de criptografia no futuro, mas o coração do sistema de push na criptografia é simples assim.

No sistema de criptografia, o que mantém os pagamentos push de A a B (que podem ser entre indivíduos, ou um indivíduo e um comerciante, ou uma empresa e uma empresa) seguros é direto e baseado em:

1. Manter suas chaves privadas (basicamente uma senha longa e complexa) seguras; e
2. A comunidade trabalhando em conjunto, com base em incentivos econômicos para manter o banco de dados do sistema protegido.

Todos os usuários do sistema basicamente contribuem com uma pequena quantia para um grupo diversificado de mantenedores do sistema para garantir que ele permaneça seguro. O sistema de criptomoedas é matematicamente quase impossível de quebrar. Existem alguns pontos fracos (como as plataformas de intercâmbio, que são apenas bancos de dados SQL), mas estes não fazem parte do sistema de criptomoedas.

Ao contrário do sistema bancário dos 1%, com o sistema de criptografia, o comerciante recebe o dinheiro imediatamente. Com o sistema push, o sistema de criptomoedas, não há estornos. No sistema de criptografia, os custos de segurança são uma pequena fração do valor gasto pelos atores tradicionais.
Criticar o sistema de criptografia por custos excessivos de eletricidade é simplesmente uma grande mentira estratégica: não está comparando o consumo de energia da tarefa que mineradores desempenham no sistema com o que as funções equivalentes exigidas pelo sistema bancário de reservas fracionárias e de pagamentos e a sociedade utilizam. As perdas no sistema de criptografia são quase inexistentes, em comparação com uma quantia astronômica de dinheiro perdido para a fraude de pagamentos, devido à infra-estrutura complicada e à tecnologia pull.

Vitalik Buterin, da Ethereum, que será conhecido como um dos maiores cientistas da computação de todos os tempos, tem a irritante característica de ser realmente honesto e aberto sobre questões técnicas no sistema de criptografia. Em relação aos pagamentos, trata-se do trilema da escalabilidade, o qual postula que (no momento) uma blockchain não pode ter todas as seguintes três características ao mesmo tempo: descentralização, escalabilidade e segurança; só pode ter duas das três. Isso permite que economistas financiados por bancos ignorem a superioridade do sistema de criptomoedas sobre o sistema bancário de reservas fracionárias e o sistema de pagamentos e se concentrem em questões importantes para eles: a horrível possibilidade de lattes frios, porque os tempos de pagamento às vezes demoram demais.

Ser rude com Vitalik por causa do processamento lento[84] e concluir que o sistema de criptomoedas nunca atingirá seu potencial é como reclamar com Gordon Moore nos anos 1960 que não cabem transistores suficientes em um microchip para fazer algo útil. Primeiro, a tecnologia escala exponencialmente; é uma má ideia apostar contra isso. Em segundo lugar, há também muitas soluções provisórias. Com um banco de criptomoedas adequado, por exemplo, esse banco poderia garantir ao comerciante a disponibilidade de fundos imediatamente, mesmo que demorasse alguns minutos para ser confirmada na blockchain. Terceiro, a crítica se aplica a pequenos pagamentos em que a velocidade é importante, mas há um vasto mercado para pagamentos maiores, onde a liquidação poderia ser em minutos, não segundos, e ainda ser muito superior ao sistema atual. É por isso que as transferências de criptomoedas começarão na extremidade mais ampla: o pagamento de grandes remessas de grãos de café pode levar dias para ser processado pelo sistema bancário. Nesta parte da cadeia, os atores de commodities ficariam extasiados em aguardar 10 minutos para confirmação e finalização.

Pontos importantes

1. A maior fraqueza no sistema de pagamento é a segurança, que é muito inferior ao sistema de criptomoedas.
2. A única forma eficaz de eliminar a fraude de pagamento quase inteiramente e os custos de tentar evitar essa fraude é adotar o sistema de criptografia.
3. O sistema de pagamento criptográfico, baseado na tecnologia push, é mais simples que a tecnologia pull e substituirá o sistema antigo.
4. Uma década a partir de agora ninguém usará o sistema baseado em pull; isso desaparecerá completamente.
5. Através do sistema bancário, os 1% se beneficiam dos vastos montantes pagos em taxas de cartão de crédito todos os anos.

---

[84] Da perspectiva do comprador do latte, não do vendedor.

# 15
# A FACE DO INIMIGO

Nenhum homem personifica um defensor dos 1% e do seu sistema bancário melhor do que o chefe do Banco de Pagamentos Internacionais (Bank for International Settlements). Ele fará tudo o que puder para proteger o sistema bancário de reservas fracionárias e evitará que os 99% aprendam sobre essa importante fonte de poder para os 1%.

O chefe do BIS.

Se você quiser colocar uma cara no inimigo, aqui está ele: Augustin Carstens, chefe do Banco de Compensações Internacionais, o banco central dos maiores bancos centrais do mundo, ex-político e ex-chefe do banco central do México.

Um crítico eminente (e completamente imparcial) do sistema de criptografia, eis o que ele disse recentemente.[85]

*"Criptomoedas são ... uma bolha, um esquema Ponzi e um desastre ambiental."*

Isto é o que você pode esperar daqueles que trabalham para os 1%, os facilitadores do sistema bancário de reservas fracionárias. É uma técnica de propaganda própria do BIS: empregue uma grande mentira estratégica para atacar aqueles que estão começando a enfrentar os 1%. O sistema de criptomoedas é um retorno a um sistema anterior, mais natural, em que dinheiro e valor são claros para todos, registrados para sempre por escrito. Não pense que eles são ignorantes; eles sabem que o sistema de criptomoedas é a única alternativa real ao seu sistema bancário.

O sistema de criptografia é exatamente o oposto de um esquema Ponzi, que é baseado em fraude e secretismo; na verdade, é simplesmente um fato que o sistema bancário de reservas fracionárias tem características de um esquema Ponzi. A crise financeira de 2008, o colapso do castelo de cartas invertido que é o sistema bancário de reservas fracionárias, foi o ímpeto

---

[85] Entrevista com o jornal Basel Zeitung, 25 de junho de 2018. Traduzido do alemão. O Dr. Carstens é PhD em economia pela Universidade de Chicago. Ele foi recentemente nomeado para chefiar o BIS e se mudou para Basel.

para a criação do sistema de criptografia: para combater a fraude institucional e proteger as pessoas de se tornarem presas dos 1%.

O sistema de criptografia é um desastre ambiental? Uma imagem vale mais que mil palavras, então aqui está uma para você considerar.

*Um petroleiro de propriedade da companhia petrolífera do governo mexicano PEMEX, financiada por Augustin Carstens, queimando no Golfo do México, a 26 de maio de 2015.*

A função de "mineração" em um sistema de criptomoedas à base da prova de trabalho (sigla inglesa PoW) usa eletricidade; muito dessa eletricidade vem de fontes renováveis que não são empregadas de forma melhor em outros setores. A PoW serve duas funções básicas: administração e segurança para todo o sistema. Imagine somar os custos, globalmente, de quanto os bancos gastam em administração e segurança. Seria uma quantia enorme; a despesa de criptografia é uma pequena fração desses custos. Além disso, como o sistema de criptomoedas permite o pagamento seguro com finalidade, não há custos de execução. Então, para uma comparação justa, some os custos do sistema tradicional com advogados, tribunais, policiais, auditores, reguladores, etc. e então faça a comparação.

O principal (e único) relatório sobre o uso de eletricidade por criptomoedas não é de todo rigoroso (infere insumos técnicos a partir de resultados financeiros hipotéticos), o "pesquisador" não tem experiência em economia de energia ou modelagem de sistemas, e os números extremamente altos parecem exagerados para atrair atenção para o seu blog. Estes custos de eletricidade, sem dúvida, cairão à medida que a tecnologia evoluir. A indústria criptográfica precisa tentar reduzir o consumo de eletricidade, com certeza; mas chamá-la de "desastre ambiental" é desonesto e deve levantar questões quanto ao motivo.

Há outro aspecto da reivindicação "ambientalista" feita por Augustin Carstens: ele sabe por que uma comunidade global de milhões de pessoas está disposta a gastar dinheiro em transações de criptomoedas. Ele sabe que as pessoas gastam esse dinheiro porque não confiam nos bancos. Ele sabe que essas pessoas são as mais despertas, que elas vêem que o imperador está nu e que não acreditam em suas mentiras. Ele sabe que elas são um grave perigo para ele e os 1%. O fato de as pessoas estarem dispostas a gastar dinheiro no apoio ao ecossistema de criptomoedas envia uma mensagem tangível, respaldada por seu próprio dinheiro: não acreditamos no sistema bancário de reservas fracionárias e vamos criar um mundo melhor, em vez de continuar sendo explorados por um sistema que favorece os 1%.

A razão de Augustin Carstens preferir o sistema bancário de reservas fracionárias é porque ...

*"Os bancos centrais são confiáveis, e essa confiança é algo que eles construíram ao longo de décadas e para os quais não há substituto no momento."*
Além disso, *"na minha experiência, são sempre os mais pobres que sofrem mais com a inflação. Portanto, é dever dos banqueiros centrais garantir que o poder de compra seja mantido".*

Ademais, as criptomoedas, diz ele, não são *"adequadas como reservas de valor".*

Eu sei o que você provavelmente está pensando: caramba, talvez eu deva transferir minha riqueza para pesos mexicanos, por segurança. Eu posso confiar no Banco Central do México. Antes de fazer isso, no entanto, dê uma olhada no gráfico à direita.

*O peso Mexicano: a derradeira reserva de valor.*

Se você virá-lo de cabeça para baixo, verá o declínio no poder de compra do peso. Observe mais de perto o eixo y. Correto: é uma escala logarítmica. Para aqueles de vocês que não são tão matematicamente proficientes, quando seu poder de compra está declinando de forma logarítmica, isso é ruim. A única coisa que a instituição de Augustin Carstens construiu ao longo de décadas é uma destruição logarítmica na qualidade de vida do povo mexicano.

Então, por que exatamente as criptomoedas não representam dinheiro? *"Elas não podem assumir as funções do dinheiro pela simples razão de como são criadas". "É uma falácia pensar que o dinheiro pode ser criado a partir do nada".*

Aqui está: a grande mentira estratégica mais uma vez. É tão dubiosa que é difícil acreditar que saia da boca dele. Isto de um homem que, pessoalmente, criou uma quantidade astronómica de papel-moeda enquanto chefe do banco central no México. Do nada. Com as próprias mãos. E que sabe perfeitamente que seus amigos do bancos comerciais criam uma quantia obscena do seu próprio dinheiro de crédito, principalmente para benefício dos 1% mexicanos.

Augustin Carstens também critica o sistema de criptomoedas como sendo usado para lavagem de dinheiro. Isso veio de um homem que supervisionou a economia mexicana e o banco central durante um período em que as autoridades norte-americanas acusavam bancos mexicanos de lavarem mais dinheiro de cartéis de drogas assassinos do que em qualquer outro lugar, em qualquer outro momento da história humana.

Não é carinhoso que ele faça referência aos pobres, que mais sofrem? Aqui está mais um pouco da entrevista. "*Sr. Carstens, como está gostando da vida em Basel?" "Eu já conhecia a cidade antes de me mudar para cá. Nos últimos oito anos, como dirigente do banco central mexicano, estive em Basel mais de 40 vezes* [para reuniões do BIS]. ... *Por exemplo, fomos à Art Basel e fomos à cidade antiga para desfrutar do Reno. Infelizmente, nós não conseguimos ir ao zoológico, já que a entrada de nossos cães não era permitida."*

Isso realmente é triste, não é? Mas aí está: Augustin Carstens também tem seus problemas na vida. Ele, como muitos de seus compatriotas mexicanos, está lutando para sobreviver.

Ele tem uma última coisa a dizer: *"Então, minha mensagem para os jovens seria: parem de tentar criar dinheiro!"*

São palavras definitivas, inspiradoras para a próxima geração, para aqueles que querem tornar o mundo um lugar melhor, vindas de um lacaio dos 1%.

O que ele quer dizer é: *"Eu posso criar dinheiro. Meus amigos nos bancos podem criar dinheiro. Mas não se atrevam a tentar fazer isso, jovens. Conheçam o seu lugar na vida."*

Pontos importantes

1. Espere que os 1% e seus apoiadores lutem injustamente para defender seus interesses.
2. Economicamente falando, Basel, na Suíça, é o lugar mais sombrio da Terra.
3. Ouvir Augustin Carstens denegrir os jovens e defender o sistema de reservas fracionárias dos 1% pode deixá-lo tão irritado que você pode pensar em aderir ao comunismo.
4. Apoiar o sistema de criptomoedas pode ser uma alternativa melhor para reduzir a desigualdade na sociedade e tornar o mundo um lugar melhor.

# 16
# OITO PREVISÕES PARA O FUTURO DOS 1% E SEU SISTEMA MONETÁRIO

1. **Um novo modelo bancário emergirá, de acordo com nossos melhores valores humanos.**

Este modelo será impulsionado pela tecnologia e baseado nos conceitos de controle de usuário sobre sua conta, transparência e dinheiro genuíno. Dinheiro VP real vinculado ao valor real criado. Com nenhum gasto duplo ou onde nada "fracionário" seja possível. Dinheiro honesto para pessoas que valorizam a liberdade e a justiça e que querem ter uma vida melhor para si mesmas, sem que os 1% tirem uma parte do resultado do seu trabalho. Para as pessoas que estão fartas da desonestidade inerente ao sistema antigo, seus resultados econômicos ruins e seu impacto nocivo na sociedade.

Este modelo bancário permitirá aos detentores de criptomoedas emprestar aos mutuários na economia real, de uma forma mais segura do que a atualmente oferecida pelo "seguro" de depósito do governo. Isso permitirá que os poupadores se beneficiem de oportunidades econômicas produtivas e obtenham um retorno muito maior de suas economias do que atualmente possível. A dinâmica de empréstimo de depósitos é o núcleo do sistema bancário e é necessária para que qualquer moeda atinja a adoção em massa. Uma vez que este pedaço bancário do quebra-cabeça esteja em vigor, permitirá a profundidade financeira necessária para o sistema de criptografia ser uma opção de substituição do sistema bancário de reserva fracionária que é alimentado por dinheiro de crédito e moedas de Estado nacionais.

Além disso, este novo modelo bancário permitirá a desagregação de produtos e serviços bancários. No sistema tradicional, o banco determina principalmente como os serviços bancários são direcionados aos clientes, independentemente de esses clientes serem indivíduos ou instituições. No futuro, os clientes escolherão o que desejam do setor bancário, da mesma maneira que os clientes podem fazer e depois refazer a sua lista de reprodução com base nas músicas que desejam ouvir.

Uma diferença fundamental entre o sistema de criptografia e o sistema financeiro tradicional é: o sistema tradicional é como a tecnologia *analógica*, com todos os seus inconvenientes. O sistema de criptografia é como a tecnologia *digital*; seu potencial fornece uma base para futuras inovações que são difíceis de imaginar hoje.

À medida que esse novo modelo bancário surge, o poder dos 1% e sua influência na sociedade diminuirão. Como o novo modelo permitirá que os poupadores entre os 99% atinjam um nível muito mais alto de participação na economia, o qual anteriormente era capturado pelos grandes bancos e pelos 1%, a desigualdade econômica diminuirá com o tempo. Esse sistema bancário baseado em tecnologia também reduzirá o impacto dos vieses humanos nas decisões de empréstimo, bem como o papel geral dos 1%, diminuindo a discriminação econômica contra grupos externos no sistema financeiro.

2. O sistema bancário de reservas fracionárias será reformado.

O estatuto do governo para os bancos comerciais, que lhes permite criar dinheiro de crédito, será regulamentado. A criação de dinheiro de crédito estará sujeita a limites regulatórios.

A garantia de depósito grátis do governo para os bancos comerciais, que incentiva a especulação sobre os preços futuros dos ativos e é a causa de altos e baixos econômicos, será reformada. No futuro, os bancos terão que pagar pelo seguro de depósito. Empréstimos para financiar compras de ativos ou para atividades proprietárias deverão ser capitalizados separadamente; os bancos não poderão mais usar depósitos de clientes + seguro governamental gratuito para financiar essas atividades.

3. Mas isso não importará: o sistema bancário de reservas fracionárias praticamente desaparecerá ao longo da próxima década.

O sistema de criptomoedas oferecerá retornos mais altos com menos risco envolvido e os depositantes boicotarão cada vez mais o sistema de reservas fracionárias. Os dois sistemas irão coexistir por um tempo. Na próxima década, o sistema de criptografia se expandirá e o sistema de reservas fracionárias encolherá. Um ponto de inflexão será alcançado onde o processo de transição de um para outro sofrerá uma aceleração drástica. O sistema de reservas fracionárias é intrinsecamente estruturado como um castelo de cartas invertido. Não haverá um declínio gradual até à sua extinção. Uma vez que depósitos suficientes sejam retirados da base, o castelo irá colapsar.

Esse ponto de inflexão será causado pela adoção dessa nova tecnologia bancária. Haverá quatro grupos principais impulsionando a adoção, conforme descrito abaixo.

*Economizadores institucionais nos países ricos.* Isso inclui gerentes de ativos, bancos privados (que não emprestam dinheiro), escritórios familiares etc. Eles são motivados por preservar o poder de compra e obter um retorno melhor do que recebem com os bancos tradicionais.

*Ecossistemas globais de comércio de commodities e de cadeia de suprimentos.* Eles irão adotar um padrão global de valor como referência de preço e também estarão entre os primeiros implementadores da tecnologia blockchain para melhorar suas relações comerciais, talvez impulsionadas pelos bancos de criptomoedas que surgirão. É importante ressaltar que eles estarão cada vez mais dispostos a usar criptomoedas em seus empréstimos, começando com pequenas quantias, como 5-10% do montante total. Isso contribuirá para os depósitos de criptomoedas, pois essas contas podem ser vinculadas a empréstimos com juros que também estarão estipulados em criptomoedas. Alguns desses valores serão cobertos. Este elo entre empréstimos em criptomoedas e a economia real contribuirá significativamente para a maturidade de um genuíno sistema bancário de criptomoedas, criando um ciclo de adoção virtuoso.

*Indivíduos em países emergentes.* São pessoas excluídas pelo sistema bancário tradicional, que se beneficiariam das funcionalidades superiores de transferência e depósito oferecidas pelo sistema de criptomoedas. A inclusão financeira dessas pessoas não é um ato de caridade: é um benefício econômico positivo para elas e suas sociedades. Estes indivíduos espalharão a adoção principalmente usando telefones celulares e as interfaces de usuário simples que surgirão, independentemente de fronteiras nacionais. Eles não são as mesmas pessoas que decidem não depender dos bancos; eles participarão de um novo modelo bancário baseado em criptografia.

*Países em desenvolvimento.* Eventualmente, os países em desenvolvimento que possuem moedas fracas adotarão o sistema de criptografia, semelhante àqueles que se tornaram "dolarizados". Por um tempo, coexistirá com o sistema tradicional e as pessoas terão uma escolha. Eventualmente, a maioria preferirá o sistema de criptomoedas por suas qualidades superiores, como preservação do poder de compra, baixos custos, transparência, aceitação global, etc. A adoção do sistema de criptografia irá liberar potencial econômico para esses países, criando um ciclo de feedback positivo: à medida que a produção econômica aumenta, as taxas de poupança aumentam, os cidadãos demandarão mais do sistema de criptografia e os políticos colherão alguns dos benefícios. Outros países serão incentivados a seguir os pioneiros. A produtividade global aumentará, começando primeiro com os sistemas de comércio internacional de commodities e de cadeia de suprimentos. As vidas dos pobres nesses países em desenvolvimento melhorarão à medida que forem capazes de acessar uma função genuína de poupança. Migração humana e evasão de talentos serão reduzidas à medida que a igualdade econômica se propagar.

**4. O comércio internacional será cada vez mais precificado de acordo com um padrão de valor global e não vinculado à moeda de qualquer país em particular.**

O dólar americano deixará lentamente de ser um padrão de valor no comércio. Ele será substituído pela cesta de Direitos Especiais de Saque - SDR (USD, EUR, GBP, JPY, CNY) + BTC. O SDR + seria apenas um padrão de valor que seria mais estável em termos de preço e separado das ações de avaliação monetária de um único país-nação. Os componentes deste padrão de valor SDR + seriam reequilibrados ao longo do tempo, com o papel do BTC aumentando e talvez outras criptomoedas sendo adicionadas. As trocas podem então ser feitas em uma moeda separada; por exemplo, uma transação de fornecimento de café poderia ser negociada diretamente por um vendedor e um comprador com o preço acordado em SDR +. Na entrega final, o comprador pode pagar em uma moeda de sua escolha, desde que corresponda ao valor definido em SDR +. Eventualmente, um padrão global de valor pode emergir para preços que podem se separar do SDR + e simplesmente ser baseado na estabilidade de preços, reequilibrando talvez com mudanças na inflação (CPI) e população.

5. Com maior adoção do sistema de criptomoedas, a variação nos ciclos econômicos se tornará menos extrema.

O sistema de criptografia reduzirá a variação do ciclo de negócios de duas maneiras:

a. Através da eliminação da criação de dinheiro de crédito pelos bancos. A oferta de criptomoedas é fixa; dinheiro não pode ser arbitrariamente criado neste sistema.

b. Ao conceder os direitos de propriedade do dinheiro a seus devidos titulares: aqueles que criaram o valor em primeiro lugar. A natureza distribuída do sistema de criptografia e o controle individual de seu próprio dinheiro permitem que o mecanismo de empréstimo aproveite a difusão do conhecimento na sociedade. Então, como é o seu dinheiro (não o dinheiro do banco) e você tem uma palavra a dizer (ao contrário de algum oficial de empréstimo que toma a decisão sobre como o "seu" dinheiro deve ser emprestado), a comunidade de poupadores será devidamente incentivada a ser mais prudente ao avaliar os empréstimos para compras de ativos.

6. O futuro "desenrolar" do dinheiro criado na última década levará a um declínio acelerado das moedas fiduciárias nacionais ao longo da próxima década e impulsionará os poupadores a adotar criptomoedas.

A criação ilimitada de dinheiro da década passada, para salvar o sistema bancário de reservas fracionárias dos 1% de maus investimentos em ativos, é historicamente sem precedentes. Os poupadores astutos, particularmente os gestores de ativos em economias avançadas, buscarão a preservação de valor no sistema de criptografia em um nível muito acima dos níveis de hoje. Quando o castelo de cartas invertido entrar em colapso novamente, você não vai querer estar detendo moedas fiduciárias tradicionais.

O desenrolar dos balanços dos bancos centrais irá garantidamente levar a uma perda de poder de compra das moedas fiduciárias. Ah, e tenha em mente que o dinheiro do banco central é uma minoria de dinheiro na economia. A situação dos bancos comerciais é pior.

7. Pessoas de baixa renda em todos os lugares terão acesso a serviços bancários usando o sistema de criptografia.

O sistema bancário de reservas fracionárias falhou completamente com as pessoas de baixa renda. É claro que a maioria das pessoas pobres não é sequer aceita por esses bancos. O sistema de criptomoedas permite que todos se beneficiem da inclusão financeira. Os pobres poderão fazer transferências a um custo extremamente baixo. Bancos de criptomoedas emergentes lhes permitirão usufruir dos benefícios da função de poupança, dando-lhes a primeira oportunidade de sair da pobreza. Os efeitos nas comunidades pobres serão globalmente *transformacionais*.

Aqui está um exemplo típico de como os 1% tratam as pessoas pobres que têm a sorte de ter contas bancárias, de um dos principais investimentos de Warren Buffett:

*O Bank of America cobrará aos seus clientes de baixa renda US $ 12 por mês pelas suas contas correntes, a menos que tenham um saldo de conta de $ 1.500.*
@laura_nelson, Twitter, 2018


*Finalmente, um banco com algumas idéias novas sobre como tornar os pobres mais pobres.*
@kashanacauley, Twitter, 2018


8. A escala micro vai explodir em termos de utilização.

O sistema de criptografia permite que quantidades extremamente pequenas de dinheiro sejam usadas no sistema financeiro. Por exemplo, transferências equivalentes a apenas alguns dólares podem ser feitas. Bancos de criptomoedas emergentes permitirão aos poupadores colocar quantidades muito pequenas de dinheiro ao trabalho, sobre as quais as pessoas podem ganhar juros.

Os pobres serão capazes de deter ações ou títulos globais no valor de apenas alguns satoshis. Até a curva de rendimentos poderá ser traçada a um nível micro; por exemplo, a função de empréstimo poderia acontecer numa base diária, em vez de datas fixas com interpolação entre datas para precificação nos mercados de crédito no momento. Isso *revolucionará* as finanças.

Estes são problemas para os quais a única solução tecnológica é o sistema de criptografia. Com tantas vantagens, o sistema bancário tradicional simplesmente não pode oferecer tais soluções; eles estão presos em um mundo antiquado e analógico.

Pontos Importantes

1. A melhor maneira de desafiar a influência dos 1% na sociedade, moderar os excessos no ciclo de negócios e reduzir a desigualdade é resolver a questão do poder de criação de dinheiro dos bancos.
2. A tecnologia oferece a possibilidade de um sistema monetário alternativo superior ao sistema atual.
3. Ao adotar essa tecnologia, temos o potencial de mitigar alguns desses aspectos negativos do sistema atual.
4. Nossa escolha será justificada tanto pelos nossos valores quanto pelos aspectos técnicos dos dois sistemas.

# 17
# A ESCOLHA DE HOJE

Grandes gerações anteriores tiveram suas próprias batalhas para travar, quer tenha sido contra ideologias totalitárias, contra o racismo ou contra o sexismo. A batalha da nossa geração será parcialmente contra a desigualdade personificada pelos 1% e seu sistema bancário discriminatório e desonesto. Um sistema que, na melhor das hipóteses, nos impede de viver a vida ao máximo ou, no pior dos casos, nos exclui porque somos um grupo externo. Um sistema que prejudica muitos para beneficiar poucos. Um sistema que se aproveita da nossa ignorância para sobreviver. Um sistema que sustenta grande parte da podridão moral em outras áreas da vida.

Se você quiser fazer alguma pesquisa de campo, para comparar os dois sistemas, vá encontrar a empregada filipina em pé na fila de alguma casa de câmbio. Aquela que se vende à escravidão para sustentar uma filha em casa. Para que pelo menos a filha possa ter a esperança de um futuro melhor. Dê um tapinha nas costas da empregada e pergunte o quanto nosso sistema financeiro moderno tirará de seus ganhos. 10% 20% 30%?

O que ela daria à filha se ela tivesse esse dinheiro extra? Mais comida? Roupas melhores? Aulas de música? Quantos anos, quanto tempo a mais com sua filha esse dinheiro extra lhe traria? E que taxa de juros ela está recebendo pelas suas economias em sua conta bancária? Será que um banco sequer lhe oferece uma conta? Provavelmente não.

Você diz a ela que um novo sistema está chegando. Nesse novo sistema, o dinheiro pelo qual ela trabalhou arduamente pertence a ela, não ao banco. Um sistema em que enviar dinheiro para alguém é rápido e barato, como o envio de informações. Você diz a ela que, no século 21, não toleraremos mais esse antigo sistema.

E você? O que você faria com o dinheiro extra que ganharia no seu depósito bancário, se os 1% e o sistema deles não retivessem a maior parte das margens? A tecnologia transformou quase todas as indústrias ao longo da última geração. Apenas o coração dos serviços bancários, depósitos e empréstimos permanecem praticamente intocados. Somente nesta indústria você encontra lucros grandes e crescentes, protegidos da competição por seus facilitadores, a máquina que alimenta os 1% e projeta uma sombra maligna sobre a sociedade.

O dinheiro é fundamental para a vida; é assim que controlamos muito do nosso esforço produtivo e de como nos importamos com os outros. Não é simplesmente uma questão de uma tecnologia contra outra; é uma questão de nossos valores. Nossas escolhas no futuro, continuarmos ou não a emprestar nosso dinheiro ao sistema bancário dos 1% ou não, definirão o caráter de nossa geração.

Nesta luta, como em todas as grandes lutas, apesar das dificuldades, devemos acreditar que o desejo humano de liberdade e justiça prevalecerá.

Nesta luta, ou você está com uma comunidade que aspira tornar o mundo um lugar melhor, ou você está com os grandes bancos.

Nesta luta, ou você é o idealismo personificado por Satoshi Nakamoto ou você é Augustin Carstens.

# 18
# CONCLUSÃO

Uma característica marcante dos 1% é o seu acesso preferencial ao dinheiro e sua relação com o setor bancário.

O termo "1%" é usado aqui como uma abreviação para as elites, o sistema. Naturalmente, os 1% não são um grupo monolítico e existe uma ampla gama de fatores que caracterizam qualquer uma dessas pessoas. No entanto, suas ações exibem notável comunhão de interesses. Isto é particularmente evidente durante períodos de perturbação financeira.

O sistema bancário e o "dinheiro" que produz são intrinsecamente baseados na desonestidade e no engano. É simplesmente um fato que o sistema bancário de reservas fracionárias envolve uma mentira em sua essência: o depositante é informado de que seu dinheiro é seguramente mantido no banco enquanto, ao mesmo tempo, o banco empresta a maior parte desse dinheiro para os tomadores ou o usa para seu próprios propósitos. Da mesma forma, o processo bancário envolve uma série de deturpações, incluindo: que os depositantes são informados de que o dinheiro no banco pertence a eles quando, legalmente, é um empréstimo não garantido deles para o banco; que o "depósito" é assegurado quando, de fato, não há fundo de seguro, etc. Pequenos detalhes como esses.

A estrutura do sistema bancário de reservas fracionárias essencialmente facilita a transferência de riqueza ao longo do tempo, da maioria para uma pequena minoria, contribuindo para a desigualdade na sociedade. Os poupadores são severamente subcompensados por sua contribuição aos lucros dos bancos e pelo risco que assumem ao fazer depósitos (emprestando, na verdade) neles. Os bancos são melhor avaliados usando a teoria de precificação de opções reais e os parâmetros de entrada descritos neste livro.

Consequentemente, a acumulação de riqueza pelo setor bancário (e os 1%) imita uma série de jogos com características de risco-recompensa assimétricas, onde os lucros são capturados pelos 1% e as perdas são suportadas por todos na sociedade. Como analogia, muitas pessoas provavelmente podem se identificar com a experiência de jogar o jogo de tabuleiro Monopoly. À medida que cada jogador se alterna, emerge que apenas um acumula cada vez uma parte maior da riqueza do jogo até que ele ganhe, embora isso possa levar algum tempo. Para comparar isso com as vantagens desfrutadas pelos 1%, imagine jogar Monopoly, onde um dos jogadores tem acesso a dinheiro em termos mais vantajosos do que o resto e nunca tem qualquer lado negativo. Quaisquer perdas são pagas por todos os jogadores. Mas, quando esse jogador tiver sucesso, ele manterá todas as recompensas. E sim, esse jogador chega a ser o banqueiro. Você acha que tal arranjo poderia encorajar alguns riscos? Você não gosta da ideia de jogar um jogo com esse tipo de regras? Bem, eu tenho novidades para você: você está jogando agora. Na vida real. *É isso que eles não querem que você saiba.*

Membro de um grupo externo? Bem, o acesso ao dinheiro sempre será mais difícil para você; é uma parte intrínseca do processo de avaliação de risco no sistema bancário de reservas fracionárias. Os seres humanos têm vieses inerentes e, quando os banqueiros criam ativos (e o "dinheiro" concomitante), eles estão cientes da estrutura invertida do castelo de cartas sobre eles. Eles são muito focados em fluxos de caixa esperados, ajustados ao risco e são muito sensíveis ao termo "g". O resultado final é que, ao criar ativos - dinheiro VF, eles naturalmente encontrarão grupos com similaridades menos arriscadas. Eles estão tomando essas decisões agindo como uma empresa de investimento investindo principalmente seu próprio dinheiro, não apenas como um intermediário financeiro.

Além disso, o sistema bancário dos 1% é amplamente responsável pelo excesso de variação no ciclo de negócios. Embora provavelmente sempre haja algum grau de variação no ciclo, a presença de dinheiro criado pelo banco amplifica o efeito substancialmente. Isso representa um perigo para a sociedade, semelhante ao aumento da desigualdade. O uso de dinheiro criado por bancos para financiar compras de ativos é a causa da maioria dos altos e baixos da economia. Nem a criação de dinheiro pelos bancos nem o uso de fundos são regulados. O dinheiro de crédito de um banco, criado internamente, compõe a maioria das fontes de recursos para os empréstimos que ele faz; fundos influenciados pelo preço do dinheiro do banco central são uma minoria de suas fontes. Por essa razão, a política monetária do banco central é uma ferramenta ineficaz para controlar o excesso de variação no ciclo econômico.

Este livro foi escrito para uma audiência geral e não pretende apresentar um estudo de caso acadêmico. Certamente, isso poderia ser feito e publicado em um periódico de economia e é improvável que mais do que poucas pessoas o lessem. Esse não foi o meu objetivo.

Talvez melhor do que um estudo acadêmico seria apresentar o problema a Homer Simpson. Você poderia dizer, bem, continuamos olhando em nossas bolas de cristal e a economia ainda experimenta crescimentos e recessões como tem sido há centenas de anos. Desde a criação do FED, tivemos até agora 18 recessões e contando. Você acha que esse modelo funciona muito bem? Sob nosso sistema bancário, quando os fluxos de caixa dos ativos são positivos, os bancos e os 1% mantêm os lucros; quando eles não trabalham direito, todos nós absorvemos as perdas. Você acha que, se continuarmos fazendo isso com o tempo, essa riqueza será transferida de muitos para poucos? "Duh", ele provavelmente diria.

As conclusões são claras:

1. Os bancos criam a maior parte do dinheiro na economia, não o Estado. Eles usam esse dinheiro para promover seus próprios objetivos.
2. Os 1% obtêm uma parte significativa de seu poder a partir de sua relação com o sistema bancário, o que contribui para sua influência na sociedade.
3. A desigualdade decorre das margens injustificadas capturadas pelos bancos; a partir de vieses de avaliação de risco, exacerbados pelas pressões da estrutura invertida do castelo de cartas do sistema de reservas fracionárias; e dos benefícios acumulados das compensações de lucro assimétricas inerentes ao sistema.
4. A captura de riqueza pelos 1% tem aumentado nas últimas gerações, à medida que o setor financeiro cresce em tamanho a uma taxa mais rápida do que a economia em geral. Ao mesmo tempo, as rendas e oportunidades de classe baixa e média diminuíram.
5. A política monetária do banco central ignora o fato de que os bancos criam seu próprio dinheiro e quase não tem efeito em moderar os altos e baixos do ciclo de negócios, deixando a sociedade exposta a crises econômicas causadas por bancos.
6. Abordar as questões causadas pela criação de dinheiro pelos bancos não é uma questão de aumentar os impostos (que os 1% podem encontrar maneiras de contornar) ou a intervenção do governo após o fato; trata-se de uma questão estrutural sobre o mecanismo de transferência de riqueza inerente ao sistema bancário de reservas fracionárias e o efeito do uso de dinheiro criado pelo banco para a compra de ativos no ciclo econômico.
7. Abordar estas questões também não é uma questão de esquerda ou direita na política; deve ser de interesse bipartidário. Os 1% e o sistema bancário de reservas fracionárias prejudicam a todos, independentemente de sua afiliação política.

Obrigado por dedicar tempo para ler o livro. Espero que agora você tenha uma melhor compreensão do dinheiro, de como os bancos realmente funcionam e seu impacto na sociedade. Eu também espero que o livro tenha esclarecido alguns mistérios (econômicos) para você.

Agora é a hora de se posicionar em defesa do que acredita.

Robert.

# ROBERT SHARRAT

Robert Sharratt é parte canadense, parte britânico, um tanto autista e mora em Genebra. Ele vai criar um modelo bancário melhor ou morrer tentando. Seus interesses incluem alpinismo, xadrez, piano, programação e desconfiar de autoridades. Em seu início de carreira foi banqueiro de investimentos em fusões e aquisições em Londres, depois em private equity, e seguidamente mudou-se para a Suíça para investir seu próprio dinheiro. Ele possui um mestrado em Finanças pela London Business School.

Este trabalho está sendo disponibilizado a um custo mínimo pelo autor, em um esforço para demonstrar o impacto dos 1% e do sistema bancário na sociedade.

LinkedIn: https://www.linkedin.com/in/robert-sharratt-1887a4129/
Twitter: @ReassureFin
Pronúncia: Sharratt -> como no inglês "share it"

www.ingramcontent.com/pod-product-compliance
Lightning Source LLC
Chambersburg PA
CBHW021827170526
45157CB00007B/2711